ロシア革命史

社会思想史的研究

猪木正道

角川文庫
22352

目次

ロシア革命史

社会思想史的研究

旧版はしがき

ロシア革命に関する私の研究は、東大経済学部在学中、故河合栄治郎先生の演習に始まった。一九三五年の演習で、第一次世界大戦におけるドイツ社会民主党の戦争協力・城内平和政策について一応の研究をまとめた際、私はこれと対照的な、戦争絶対反対政策をとったボリシェヴィキに深い興味を覚えた。そこで私は、翌年の演習でロシア革命をテーマに選び、爾来今日まで断続してロシア革命に関する研究を行って来た。本書は一九四六年夏に、それまでの研究を要約したものである。

社会思想史的研究と副題されている通り、本書において私は、事件の継起や、経済的基盤の変化等に重点を置かず、もっぱらロシア革命に対する主導権をめぐって相剋する社会思想の本質を批判的に究明することに努めた。すなわちナロードニキとドイツ・マルクス主義とを揚棄して第一期のレーニン主義がロシア革命の理論として形成されてゆく過程、第一次世界大戦に際して帝国主義の研究を通じ、所謂発展不均等性の理論が展開され、四月テーゼを転機に、第二期のレーニン主義が世界革命の理論として脱皮することによって、トロツキーの永久革命論と接近し、これと提携する経過、ブレストの講和問題、新経済政策等に関してトロツキー主義がレーニン主義から脱落し、世界革命の退潮（テルミドール）を背景にロシアの大地に根を下ろしたスターリン主義が一国社会主義理論をもってレーニン主義を発展せしめてゆく動向が本書の主たる内容である。

もとより、私のロシア革命に関する研究はいまだ甚だしく不十分であり、本書執筆後に個々の問題についての本格的研究を開始したような次第であるから、十年後を期して完璧なものとするより他はない。ただロシア革命に関しては党派的な宣伝文書以外に類書皆無のわが国の現状にかんがみるときは、革命史の学問的認識にむかっての第一歩として、ささやかながら、十分存在意義を主張しうると思う。

本書を執筆するに当たって、私が最も危惧した点は、最近十年間におけるアメリカ及びイギリスの進歩したソヴィエト研究の成果を利用しえなかった本書が、多大の欠陥を持つであろうという点であった。幸い、私は本書の校了後 J. T. Murphy: Stalin 1879—1944, 1945 と Frederick Schuman: Soviet Politics at home and abroad, 1946 とを読むことが出来た。前者はイギリス随一のソヴィエト通である著者が、冷静に、しかも十分なる理解をもって、スターリン首相の生涯を叙述したものであり、後者はナチスの研究家としてつとに令名ある著者が、ソヴィエト連邦の内政と外交とに犀利なる分析を加えた力作である。両書を読了して私は、みずからの研究が不十分なことをますます自覚する半面、私のロシア革命観がアメリカ及びイギリスの国際水準に比して必ずしも隔絶したものでないことを知って大いに意を強くした次第である。今後十年間ロシア革命の研究に精進することを得れば、相当の成果を挙げることが出来ると確信する。

私がロシア革命の研究を始めた頃、河合先生は自由主義思想体系を基礎づけるために、その正面の対立物としてのマルクス主義を根底的に研究されており、マルクス主義の実践的帰結としてのソヴィエト連邦にも、鋭い関心を払っていられた。

先生のマルクス主義に関する批判的研究が、一九三八年以来の出版法違反事件のため遂に完結を見るに至らなかったことは、かえすがえす遺憾であるが、近く刊行の運びとなっている遺稿『ドイツ社会民主党史』と、『社会政策時報』に連載された論文「コミンテルンの崩壊」とによって蘊蓄の一端をうかがいえよう。先生と私とがたまたま同時期にほぼ同一の問題に関心を持った結果、私のロシア革命に関する研究は、先生から不断の鼓舞鞭撻を受けるという幸運に恵まれることとなった。

さらに人格の尊厳と学問の自由とについて、始めて不敏なる私を開眼して下さったのも河合先生であった。

もとより凡俗の私が、先生のように堂々とただ一筋の道を歩みうるかどうか、省みて恥ずかしいが、本書がそうした精神に基づいて執筆されたものであることだけは敢て断言しうる。この意味で亡き先生は、本書を御霊前に捧げることを許容されると思う。

なお青日会の諸先輩なかんずく木村健康、土屋清、石上良平三氏が、本書の執筆と出版とについて示されたなみなみならぬ御好意に対して、ここで心からなる感謝を表したい。

猪木　正道

一九四七年十一月十五日

はしがき

今から二十年前の夏、すなわち一九四六年八月に、ほぼ三週間を費して、私は本書を書き上げた。当時は食糧不足の時代で、私は成蹊学園の農場内に住居を与えられ、みずから陸稲やとうもろこしを作りながら、原稿を書いた。一九一七年の十月革命によって生まれたソヴィエト政権が、第二次世界大戦に勝ち抜いて、世界第二の強大国に成長したという事実、それにもかかわらずいわゆる〝世界革命〟が失敗に終わったという事実を前にして、私は学生時代からの私の研究を一冊の本にまとめあげ、いわばロシア革命とソ連とに体当たりしようとしたわけである。

それから二十年余りたった今日、本書を読み返してみると、未熟な点も少なくない。この二十年間にソ連も、世界も、そして私も変化した。しかし、私にとって幸いなことは、二十年前の私がロシア革命とソ連とを見た眼が、本質的に間違っていなかったように思われる点だ。そこで、世界思想社社長高島国男氏の要望により、本書を『現代政治シリーズ』の一冊に入れることにした。

新版を公刊するに際しては、できるだけ旧版の原形をとどめることとし、ただ今日の読者にむかない漢文調の表現を改め、仮名使いも現行のものにした。これらの改正は、世界思想社の駒城鎮一氏が引受けて下さった。ここに、高島、駒城両氏に対して深い感謝を表明したい。本文中に、今日の時点からみて、説明を必要とする個所がいくつかあったので、末尾に簡単な注をそえた。本書の読者は、本書が一九四六年八月に執筆されたことを念頭に置いて読んでいただければ幸いである。

本書の旧版を執筆してから今日にいたるソ連史については、私の健康が回復した後、執筆の機会を持ちたいと考えている。

一九六七年三月一日

京都大学法学部研究室にて　著者

第一章　序　言

ソヴィエト連邦は第二次世界大戦後アメリカにつぐ強国となった。世界政治は米ソ関係を軸として動いている。第一次世界大戦の渦中に生まれたソヴィエト連邦の国際的地位は、第二次世界大戦によって決定的なものとなった。ソヴィエト連邦を無視してはいかなる国際問題をも解決できず、ソヴィエト連邦の理解がなければ世界史の動向を把握することはできない。

ソヴィエト連邦の重要性は単に世界第二の強国となったという点につきない。ソヴィエト連邦のアメリカやイギリスに対する関係には、単に一つの強国の他の強国に対する関係以上のものが含まれている。それはいうまでもなく、ソヴィエト連邦が十月革命によって生まれた社会主義国であり、他の資本主義諸国とは国内体制を根本的に異にしているからである。

ソヴィエト連邦が唯一の社会主義国として資本主義世界に包囲され、たえず反ソ十字軍の脅威にさらされているということが、十月革命以来ソヴィエト連邦の対外政策と対内政策を制約してきたもっとも重要な要因であった。今後もこのことは変わらないであろう。もしそうだとすれば、ソヴィエト連邦の理解、ひいては世界史の動向把握のためには、ソヴィエト連邦を社会主義国として生み出したロシア革命を十分学問的に検討する必要があることになる。

ロシア革命に関する冷静な判断は、今日まで特にわが国においてははなはだしく不足していた。ロシア革命の学問的研究をさまたげた事情については、しばらく問うまい。またロシア革命があまりにも生々しい現実であり、各人の階級的立場によって、公正な判断がくもらされるという、諸外国と共通している条件もいまは度外視する。このような前提のもとに、なぜわが国では、ロシア革命とその生みの子であるソヴィエト連邦に対する絶対的憎悪か、もしくは絶対的讃美か、いずれかの極端だけがあって、冷静な判断が行われなかったのかを反省してみる必要があろう。

ロシア革命とソヴィエト連邦とに関する見解が両極端に走る根本的原因はおそらくわが国における科学的精神の欠如といったところまでさかのぼらなければなるまい。しかしそこまでいく前に少なくとも二つの重要な要因があげられねばならない。第一はいうまでもなく、わが国官憲の弾圧であり、第二は第三インターナショナル「官憲」の「弾圧」である。

偏狭にして無智蒙昧なわが国官憲の弾圧は、ソヴィエト連邦に対する盲目的な反感を煽動した。軍閥と官僚とは、自国における革命を恐怖するあまり、革命ロシアを抹殺しようとした。ソヴィエト連邦の政治、経済、文化などについて何らかの長所や美点を認める人は「赤」の烙印を押された。ポツダム宣言前に「赤」であると刻印されることは致命的であったことはいうまでもない。官憲に従順なわが国民には、ソヴィエト連邦を罵倒することによって一身の安全を図ろうとする卑屈な傾向さえあった。これがわが国においてロシア革命とソヴィエト連邦とに対する公平な判断を困難にした最大の要因であった。一方官憲の弾圧がゆきすぎて、ソヴィエト連邦を神秘化したことも否定できない。

次に第三インターナショナルは、日本官憲に劣らずソヴィエト連邦の理解をさまたげた。コミンテルンはその一九一九年における創設から、一九四三年における解消に至るまで、まったくソヴィエト連邦政府の一機関に堕し、全世界の共産党とその外郭団体を通じて、ソヴィエト連邦に対する絶対的忠誠を強制した。わが国においても第三インターナショナルの弾圧は徹底して遂行され、いやしくもソヴィエト連邦に対し何らかの批判をあえてする者は、トロツキスト、ブハーリン主義者ないしファシストとして葬られた。コミンテルンが解消した今日においてさえ、ソヴィエト連邦の対外政策を無条件に支持するという奇妙な伝統が、各国の共産党を支配している。[*1] そしてこのことは各国共産党の政策がモスクワで決定されるのではないかという感じを与え、共産党の勢力伸張をさまたげていることは皮肉である。

右は日本官憲の、左はコミンテルン「官憲」の徹底的な弾圧によって、わが国民の健全な批判力と判断力とは双葉で摘み取られ、絶対憎悪か、無条件讃美かのいずれか両極端がはびこったわけである。しかも注目すべきことは、この二つの弾圧を分析すれば、同一の淵源、すなわち封建制の根強い残存に帰着する。いまやわが国の徹底的民主化によって、この左右からくる弾圧は除去することができるようになった。いな、この種の思想的呪縛を破棄し、一切の事物に対し、自由な批判を通じて健全な判断を下すことこそ、日本民主化の重要な目標でなければならない。

ソヴィエト連邦の母であるロシア革命に関しても、左右からの弾圧は激しかった。いな、いっそう激烈であった。なぜならば、ソヴィエト連邦を地獄のように罵倒する日本官憲にとっても、ともかくも隣邦としての現実的勢力としてはこれを無視するわけにはいかず、またこれを天国のように讃仰するコミンテルンの「官憲」にとっても、国民生活の水準とか、技術や生産力の実勢とかいう具体的事実はこれを否定するわけにはいかなかったからである。ところがロシア革命は過去の事実であるから、これをどのように理想的に描き出すことも、また反対にどのように陰惨に塗りつぶすことも、ある程度は自由であった。

日本官憲にとっては、ロシア革命は一にぎりのいわゆる「過激派」によって、人民の意志を無視して強行された陰謀にすぎず、革命政権は「過激派」の野望をみたすために、無慈悲なテロによって辛うじて維持されている。さらにいっそう悪いことには、ロシア革命は、全世界を同様な手段で「赤化」しようとする陰謀家の最初の凱歌であるとされ、わが国のいわゆる「国体」を破壊することが、これら陰謀家の究極の目標であると説かれる。

これに反してコミンテルンの官憲によれば、ロシア革命は人類史上最初の社会主義革命であり、資本主義からの人類の救済は、ロシアからやってくるのであり、ロシア革命とまったく同様の戦略と戦術とによってやがて全世界に及ぶものとされる。

このような両極端に走ったロシア革命観は、明らかにそれぞれ正反対の誤謬を犯している。第二次世界大戦におけるソヴィエト連邦の劇的勝利は、日本の軍閥と官僚とのロシア革命観にとどめを刺したが、一方第一次世界大戦後ドイツ、中国などにおける共産主義革命の惨澹たる敗北は、コミンテルン官憲のロシア革命および世界革命観に致命傷を与えた。

ロシア革命は成功したが、世界革命は失敗したのである。第一次世界大戦は地球の六分の一を赤化し、世界革命の切迫を示したにもかかわらず、はるかに激甚な消耗を伴った第二次世界大戦は赤軍の占領地域以外どこも共産化せず、今日前大戦後のような意味で世界革命を考えることはほとんど不可能である。[*2] ロシア革命の赫々たる勝利と、世界革命の惨澹たる敗北という厳然たる事実をわれわれは無視することはできない。このパラドックスを解くことなしには、ロシア革命とソヴィエト連邦との実体は、結局は、把握できないであろう。

ロシア革命の勝利と世界革命の敗北というパラドックスの解明は、しかしながら一見したほど困難ではない。ロシア革命の成功の歴史を、いっさいの先入観を離れて、冷静に、批判的に検討するならば、われわれはそこに世界革命の敗北の歴史をも正しく認識できるはずである。要は日本官憲とコミンテルン官憲との両面からの思想的弾圧に抗して、確実な史料にのみ基づいて、学問的に研究を進めることにある。このことは一見容易なようで、しかも実際はなかなか困難な課題であるが、筆者は以下にあえてこれを試みるであろう。右のような見地に立ってロシア革命を研究する場合、少なくとも次の五個の問題が解決されなければならない。

第一に、列強中最後進国であった帝政ロシアにおいてなぜ社会主義革命が最初に成功したか？

第二に、ソヴィエト連邦において社会主義の建設が成功したにもかかわらず、なぜ世界革命は惨憺たる失敗に終わったか？　あるいは逆に、世界革命の失敗にもかかわらず、一国社会主義が成功した理由は何か？

第三に、ロシア革命の結果生まれたソヴィエト連邦の政治は、全体主義か、民主主義か？

第四に、ロシア革命の結果生まれたソヴィエト連邦の経済は、社会主義か、国家資本主義か？

第五に、ロシア革命と世界革命との関係、換言すれば、ソヴィエト連邦と資本主義世界との関係は今後どのような方向に発展するか？

以上五個の問題を念頭において、ロシア革命を素描することが本稿の目的である。

第二章　ロシアの後進性

1　後進性の原因

ロシア革命史の叙述は、ロシアの後進性から開始されなければならない。ロシア革命を不可避にしたものは、実にロシアの後進性であり、ロシア革命を世界最初の社会主義革命に進展させたものもロシアの後進性以外にはない。ロシアの後進性は、革命後三十年間にわたるソヴィエト連邦の対外ならびに対内政策を決定的に制約した。今日においてもロシアの後進性は未だまったく解消されていない。ソヴィエト連邦は未だ先進国に追いつき追い越してはいない。

革命直前のロシアの社会的、経済的後進性と文化的立ち遅れとはすこぶる顕著であった。農奴制は一八六一年の「解放」にもかかわらず厳存し、人口の八五％を占める農民、すなわち農奴はほとんど文盲であった。軍閥、官僚、警察の専制政治は国民生活を動きがとれないほど束縛し、留置所や刑務所では笞《ち》刑《けい》が公然と行われていた。
一八九〇年代から仏露同盟に伴う軍事上の必要に刺激されて、戦略的鉄道の敷設と軍需工業の建設とが強行され、主としてフランス資本の導入を通じて急速な資本主義の発展が見られた。工業生産は一八九〇年代の十年間に倍増し、一九〇〇年代の十年間にさらに二倍となったといわれる。

それにもかかわらず、一九一〇年において、人口一人当たりの主要原料消費量は、英、米、独など先進諸国に比して十分の一ないし二十分の一という貧弱さであり、ロシアは明らかに産業革命を完了していないことを示していた。（単位キログラム、ソ連邦年鑑一九四三、四年版による）

	石炭	**銑鉄**	**棉花**
ロシア	二〇〇	一八	二・二
アメリカ	四、七七〇	三〇七	一一・三
イギリス	四、五九〇	一四八	一七・三
ドイツ	三、三六〇	二三〇	五・九

鉄道の延長について見ても、一九一四年において一〇〇平方キロメートルにつきドイツ

は一一・七キロメートル、オーストリア・ハンガリアですら七キロメートルを有したのに対して、ロシアはわずかに〇・四キロメートルをもっていたにすぎなかった。

それでは、このような顕著なロシアの後進性は何に基づくか？

第一にはロシアの国土の特質があげられなければならない。ロシア人、すなわち東スラブ民族がカルパチア地方からしだいに移住し、繁殖していったのは白海と裏海とをつなぐウラル以西の低地帯であり、ついで西シベリアとトルキスタンの平原がこれに追加された。この三つの平原をもって構成されるロシアの国土は、ヨーロッパとアジアとにかけられた橋であり、ユーラシア（Eurasia）と呼ばれる。ユーラシアはヨーロッパでもなければ、アジアでもなく、またヨーロッパでもあり、アジアでもある。

ロシアは東方からはアジアの剽悍《ひょうかん》な遊牧民族の侵略にさらされており、西方からは西ヨーロッパ先進文明の脅威を受けている。ここにヨーロッパの近代技術をもって武装した、アジア的な専制主義、ツァーリズムが誕生すべき基盤がある。

ロシアの建国は九世紀にさかのぼる。スカンジナヴィアから侵入したワリヤーク族が先住スラブ民族を征服して、ノブゴロド、キエフ、スモレンスクなどの都市を経営した。これらの諸都市はバルト海からドニエプル、ドン、ボルガなどの大河を利用して黒海または裏海に出る通商ルートの要衝であった。

一二〇四年に第四回十字軍が、ビザンチン帝国の首都を占領した結果、欧亜の通商ルートはシリア、エジプトからイタリアの諸港と南ドイツとを経てハンザ市に達することとなり、キエフを中心とする古代スラブの諸都市は急速に衰微した。そこへ十三世紀末に蒙古族の侵略があり、これらの諸都市は蛮族の馬蹄にふみにじられ、それ以来十五世紀までロシアは蒙古人の支配下にあった。キエフに代わってロシアの中心となったモスクワの領主が蒙古人の支配を脱し、「ツァーリ」の称号をもってロシア帝国の基礎を築いたのは実に十六世紀の中葉であった。それから約半世紀後、一六一三年ミハエル・ロマノフがツァーリとしてロマノフ王朝を開いた。

ツァーリの帝国は二つの点において西ヨーロッパの列強と根本的に相違していた。まず第一に西ヨーロッパの諸国が、大なり小なりローマ帝国の遺跡を承継し、ローマ帝国を通じてギリシア・ローマの古代文明と直結していたのに反して、ロシアはローマ帝国とまったく無関係であり、したがって古代文明からほとんど何物をも相続しなかった。もっともビザンチン帝国との関係によって、東方化されたギリシア文明の影響は若干あるにはあったが、西ヨーロッパに対するギリシア・ローマの恩恵には到底比すべくもなかった。

このようにロシアは古代文明を相続しなかった結果、西ヨーロッパ文明を今日あらしめた文芸復興には全然関与しなかった。人格の自由、人間性の発展といった人文主義の思想、人間中心の考え方はロシアに根をおろさなかった。これがロシアが二十世紀に至るまでアジア的暴君ツァーリの専制を甘受した理由の一つである。

第二にロシアはローマ法王の勢力圏外にあり、ギリシア正教をとった結果、教権は最初から政権に従属しており、アジア的な祭政一致を具現した。その結果教権に対する自由な個人の反抗が、国民国家に支援されて爆発するという西ヨーロッパの宗教改革は、ロシアには無縁であった。このことが、近代文明の推進力である自主的進取的精神の芽生えをながく抑圧したことはいうまでもないことである。

2 ツァーリズム

ピョートル大帝は、文芸復興と宗教改革とをもたなかったロシア帝国を、上から強権を用いて西ヨーロッパの水準にまで引き上げようとした。ここにピョートルからエカテリナ女帝、さらにアレクサンドル一世および二世にまで一貫して相続されたツァーリズムの奇怪な啓蒙的伝統の根拠がある。

ピョートルの啓蒙的役割は、西ヨーロッパの技術を導入することによって、ロシアの国家権力を強化し、西ヨーロッパの圧力に対抗しようとする点にあった。

このようにして国家は少数の大地主貴族と結んで、国民の富と所得との大部分を収奪することとなった。十六世紀に開始されたロシアの農奴制がピョートル、エカテリナ、アレクサンドルなどの啓蒙君主のもとに完成されたことは皮肉である。農奴制の維持には、強力な軍隊、官僚制度とくに警察力が不可欠であった。教会すらが農奴制を精神界において護持するために十二分に利用された。憲兵と警官と僧侶、これがロシア専制政治の三基柱であった。

大地主貴族と農奴という単純な社会構成のなかに西ヨーロッパの第三階級に相当すべき階層はついに成長することができなかった。なぜならば、第三階級は農業生産力の上昇と手工業の発達とに伴う資本の蓄積をその生存の基盤として必要とするが、搾取の徹底したロシアにおいては、その余地がなかったからである。

西ヨーロッパにおいて手工業へ、手工業を中心とする中世的都市の建設へと求心的に横溢した農奴のエネルギーは、ロシアではせいぜい行商人、コサックなどの形態で遠心的に放出されたにすぎなかった。農業と工業とが分離しない結果、生産力も停滞し、商業も外国の大商人と僻地の村落との中間商業の域を脱しなかった。ここにロシア経済の外国依存という半植民地的性格が生まれるべき遠因がある。

ブルジョアジーが存在しなかったことは、西ヨーロッパ型のブルジョア革命を不可能にしたことはいうまでもない。しかしアジア的専制主義の惨虐な搾取に対する農奴の反抗はときおり爆発した。ただ都市のブルジョアジーによって後援されなかった結果、それは単なる反乱にとどまって、革命にまで進展しなかっただけである。十八世紀末のプガチョフの反乱はそのもっとも顕著な例であった。

このようにして農奴の切実な解放運動を支持する任務を、ブルジョアジーのいないロシアにおいてはツァーリかまたは貴族が担うという奇怪な現象が生まれた。一八二五年の十二月党（デカブリスト）の反乱と一八六一年のアレクサンドル二世の農奴解放とがそれである。

支配階級が自己の支配体制である農奴制をみずから廃止しようとすること、換言すれば支配階級が分裂して、自己の支配に対する確信を喪失すること、このことはいっさいの革命の前兆である。十九世紀の後半に及んで、ツァーリズムはその時代錯誤性を遺憾なく曝《ばく》露《ろ》し、ロシア革命の切迫を知らせた。進歩的なツァーリ、アレクサンドル二世は即位早々農奴の解放を宣言して、きたるべきロシアの革命を先取し、予防しようとした。

アレクサンドルの改革はすべての上からの革新と同様、ごまかしであり、欺瞞であった。農奴は法制上自由となったが、土地の取得には莫大な補償金を必要としたので、解放後も実質的には依然農奴であることには変わりなかった。賦役労働は少しも軽くならず、警察と憲兵との暴圧には少しの改善も見られなかった。上からの改革に絶望し、ツァーリズムに対する盲目的な崇拝から目覚めた農奴は、ここにおいてロシア独特の革命運動、すなわちナロードニキ（人民主義者）に救いを求めることとなった。

3　ナロードニキ

ナロードニキは十九世紀の末葉から二月革命まで、ロシアの革命運動を指導した。ナロードニキの革命思想はツァーリズムに対する激越な憎悪と、ロシアの農民に対する盲目的な愛情とを基調としていた。彼らはツァーリを中核とし、憲兵と警察と密偵とを末端とするアジア的専制主義ツァーリズムを打倒し、人民のための、人民による政府を樹立しようとした。そしてこの革命後の新生ロシアにおいては人口の大半を占める農民が主導的地位を占めるはずであった。

ナロードニキのロシア農民に対する愛情は信仰の域に達していた。十九世紀末にミールという名称で残っていた農村共同体は、革命ロシアをロシア独特の社会主義へと導くべき橋渡しを成すべきものと考えられた。

ナロードニキの社会主義は国粋ロシア的なものであり、西ヨーロッパの社会主義とはまったく由来を異にしていた。彼らはこの革命思想に基づいてロシアの西ヨーロッパ化と資本主義化を極度に嫌悪し排撃した。

西ヨーロッパに対する猛烈な反感と、ロシアの国粋的伝統に対する熱狂的な信仰という点において、ナロードニキは明らかに、ロシアの思想界を西欧主義と二分してきたスラブ国粋主義の一派であった。十九世紀末から二十世紀のはじめにかけて、ロシアの支配階級を二分した西欧派とスラブ派との対立は、ロシアの革命運動において後述するメンシェヴィキとナロードニキとの対立となって反映する。

ナロードニキの革命思想はもとより無智蒙昧なロシアの農民自体から生まれたのではない。ナロードニキ思想を生み、これを実践したのはロシアの貴族階級の子弟であった。彼らはデカブリスト以来の革命的伝統と十九世紀末のロシアを支配した暗黒政治とに刺激され、人道主義的な衝動にかられて人民のための革命運動に身を投じた。父親はツァーリの将軍、大臣として冬宮にあり、その息子や娘は爆弾を抱いて町角にひそみ、ツァーリとその高官をねらうという奇妙な情景には、革命前夜におけるロシアの支配階級の苦悶と自己分裂とが浮彫にされている。

ナロードニキの特徴はその革命的情熱と英雄主義とにあった。一身を捨ててすべてを聖なるロシア農民のために捧げるという狂信的な行動力、主体的、体当たり的実践性には恐るべきものがあった。農奴「解放」で農奴の幻滅と激怒とを買ったアレクサンドル二世をはじめ、数知れないツァーリズムの重臣は、ナロードニキのテロに倒れた。

一方ナロードニキには著しい欠陥があった。それは理論の脆弱《ぜいじやく》性であった。彼らの農民に対する信仰的礼讃は、ロシア社会の後進性についてのインフェリオリティー・コンプレックスにほかならず、また彼らがロシア独特の社会主義への基盤と考える農村共同体は急速に崩壊の運命をたどる過去の残滓にすぎなかった。

ナロードニキが極力回避しようとし、排撃しようとしたロシアの資本主義化が、一八九〇年代を境として急激に進展し始めると、ナロードニキの理論と実践とは致命的打撃を受けることとなった。

4　ロシア資本主義

ロシアにおける資本主義の発達は一八六五年頃までさかのぼる。農奴制の残存に伴う国内市場のせまさは執拗《しつよう》に資本主義化をさまたげたが、一八九〇年代のはじめに帝政ロシアがフランスと攻守同盟を締結するに及んで、フランス資本の導入によって資本主義の発達に拍車がかけられた。同盟条約によってロシアはフランスとドイツとが開戦した場合ただちに八十万の大軍をドイツ国境に集中しなければならないこととなった。フランスは自国の安全保障のため、やっきとなってロシアの鉄道網の建設に当たった。このようにして一九〇〇年に至る十年間に二万一千露里の鉄道が敷設された。

鉄道はあらゆる国において資本主義の開拓者である。金属工業、燃料鉱業をはじめ一切の近代工業が、鉄道の発達に刺激されて誕生し、成長した。同じ期間に大工業労働者の数は百四十万人から二百八十万人へと倍増した。

しかし、このように顕著な資本主義の発達にもかかわらず、ロシアの後進性は少しも修正されなかったばかりか、いよいよ内攻し、尖鋭化していったことをみすごしてはならない。

まず第一に資本主義の急激な発達にもかかわらず、ブルジョアジーは依然としてきわめて微力であった。これは主としてロシアの資本主義が外国資本、とくにフランス、イギリスとベルギーの資本に依存していたことに基づいている。重工業の大半は外国資本の掌中にあった。金属工業の実に七二％は外国資本によって所有され、石炭鉱業、とくにドンバスのそれはなかば以上が外国系であった。石油鉱業もそのなかばはフランスとイギリスとの資本によっていた。

このようにして帝政ロシアには、その工業生産の規模にふさわしいブルジョアジーがいなかった。その結果農奴のツァーリズムへの反抗を支持して、ブルジョア革命にまで突進するか、あるいは少なくとも立憲政治を要求するか、いずれかの方法でツァーリズムと闘争すべき勢力がなかったわけである。いな微力なロシアのブルジョアジーはその生成の当初から独立自尊的な性格をもたず、ツァーリズムに引きずられた。彼らが政府の注文に依存し、国家の保護関税、補助金などの恩恵に浴したことは、ブルジョアジーのツァーリズムへの屈従を決定的にした。ここにイギリス、フランス、アメリカなどの先進国のブルジョアジーとはまったく異なるロシア・ブルジョアジーの重要な特質がある。

資本主義が外国の投資によって推進されたいま一つの結果は、高度の企業集中であった。従業員百人以下の小企業は一九一四年においてアメリカでは全企業の三五％を占めていたのに対して、ロシアではわずかに一七・八％を占めるにとどまった。これに反し従業員千人以上の大企業は、アメリカでは一七・八％を示しただけであるのに、ロシアでは実に四一・四％を占めていた。ロシア資本主義はその後進性のゆえに、企業の集中において先進国を凌駕していた。このことはロシア資本主義の強さを意味せず、弱さを示すものであったことを忘れてはならない。なぜならば、中小企業が微力であったことは、ロシアのブルジョアジーをあらゆる意味で孤立させたからである。

ブルジョアジーの無力とならんで、これに優るとも劣らない、ロシア資本主義の後進性を物語る第二の特徴はロシアのプロレタリアートの革命性であった。

ロシアの労働者階級を革命的にした原因は一つではない。まず彼らを出身的に見た場合、西ヨーロッパのプロレタリアのように、手工業者層から出た者はほとんどいない。全部が全部農奴の出身である。そこにロシアのプロレタリアートを農奴の解放闘争と血液的に結びつける要因があった。

次に農業における農奴制の厳存は、工業における労働条件を極度に劣悪なものとした。一日十二時間をこえる労働時間は普通であり、十六時間に達することも決してまれではなかった。さらに賃金は最低生活の維持にもたらず、工業の安全、疾病、傷害、老廃などに対する社会政策的配慮はまったくなかった。このような条件のもとで労働者階級は、生存のために、本能的にストライキに訴えざるを得なかった。

ところが、賃金引き上げや労働条件の改善を目指す経済的ストライキに対してもツァーリズムはこれを容赦しなかった。ツァーリズムはただちに警察力、あるいは場合によっては軍隊の力を使用して労働者の経済的闘争を弾圧した。ここにおいて労働者階級は、ツァーリズムのもとではわずかの労働条件の改善も望むことができないことを教えられ、賃金引き上げの経済的ストライキは、一転してツァーリズム打倒の政治ストライキに移行せざるを得なかった。ツァーリズムと資本主義との抱き合せが、ロシアのプロレタリアートをその好むと好まざるとを問わず革命的にしたわけである。

イギリス、ドイツ、フランスなど先進国の労働者階級が、十九世紀末以来大なり小なり社会政策の恩恵を受け、しだいに初期の革命性を喪失し、議会を通じて、民主主義的方法で経済的地位の向上を図りつつあったのに対して、ロシアの労働者階級はその資本主義の後進性とブルジョアジーの無力のゆえに原始的な革命性を保持していた。ロシアには一九〇五年の革命に至るまで、専制政治のいちじくの葉と呼ばれたドイツ帝国の議会ほどの代議機関も与えられていなかったのである。

備考

ロシア史の概観のためには左の二つが最も権威あるものとされている。

B. Pares: History of Russia, 1937.

K. Stählin: Geschichte Russlands, 1923—35.

Vernadsky の『政治外交史』（金生氏の日本語訳がある）も清新な研究として一読に値する。

Trotzki: Geschichte der russischen Revolution, 1931—3 もロシア史の特質をみごとに素描している。（Bd. I. S. 15—27）

第三章　ボリシェヴィズム

1　プレハーノフ

スラブ国粋主義の流れをくむナロードニキの革命運動と並行して、西ヨーロッパの労働運動の影響を受けた一派が誕生した。当時ヨーロッパの労働運動に指導的地歩を占めていたのはいうまでもなくドイツ社会民主党であり、同党はマルクス主義を指導原理としていたから、ロシアにおける西欧主義の労働運動はマルクス主義の研究団体から発足した。一[*1]八八三年ジュネーブにおいてプレハーノフを中心に結成された労働解放団がすなわちそれである。

プレハーノフはロシアにおけるマルクス主義の父と呼ばれる。彼は一八五六年に生まれ、青年時代にはナロードニキの革命運動に参加したが、一八八〇年パリとジュネーブに亡命したことによってマルクス・エンゲルスの著作を研究する機会を得た。プレハーノフのへーゲル哲学に関する該博な造詣[*2]は、たちまち彼を卓抜なマルクス主義者に育て上げた。彼はアクセルロード、ザスリッチなどとともにジュネーブに労働解放団を創設し、マルクス主義の立場からナロードニキの革命理論を痛烈に批判し始めた。

プレハーノフのナロードニキ批判は次の三点に要約することができる。

第一にナロードニキは、ロシアにおける資本主義の発達を否定するが、これは歴史の進行を阻止できない以上希望的観測にすぎない。ロシアにおいても、西ヨーロッパ諸国と同様資本主義は発達し、封建的経済関係を破壊する。ロシアにも、西ヨーロッパと同様のプロレタリア階級が発生し、労働者の解放運動を不可避にする。したがってロシアの革命は、プロレタリアートの存在を無視しては考えられない。いなプロレタリアートがロシア革命の担当者であるべきだ。

第二にナロードニキはロシアの農民を信仰的に讃美し、農村共同体をもって社会主義の萌芽であるというが、ロシア農民への妄信は浪漫的な感傷にすぎず、農村共同体はロシアの資本主義化に伴い急速に崩壊の一途をたどっている。このような旧時代の残滓に将来の理想社会への手がかりを求めることは危険きわまりない。

第三にナロードニキが、個人の英雄主義で革命を遂行しようとすることは、歴史の進行に対する完全な無理解に基づく。歴史は階級闘争を通じて展開するものであるから、個人のテロに過大な期待をかけることは、ただ人を驚かせるだけで実効がない。

プレハーノフのナロードニキに対する批判は、ナロードニキの革命理論のもつ弱さを鋭くえぐったのである。ナロードニキは少なくとも理論的には、マルクス主義者の敵ではなかった。一八九〇年代からテンポをはやめたロシアの資本主義化は、ナロードニキの革命理論にとどめを刺した。しかしこのことは、二十世紀に入ってからも、ナロードニキが依然としてロシア革命運動の主流を形成することをさまたげなかった。ロシア社会が極度の後進性を担い続け、国民の圧倒的多数が農民によって占められているかぎり、ナロードニキはその理論的幼稚さにもかかわらずロシアの革命的インテリゲンツィアに対する魅力を失わなかった。十月革命の前夜までロシア革命を指導し、ソヴィエトに多数を占めたのは、実にナロードニキの嫡流であるエス・エル（S.R.）すなわち社会革命党であった。

プレハーノフのひきいるロシアのマルクス主義者が、ナロードニキを理論的に撃破しながら、実際運動においては到底ナロードニキに太刀打ちできなかったのには、深い根拠があった。それは彼らのマルクス主義自体のよわさに基づくものであった。

プレハーノフをはじめロシアのマルクス主義者が修得したマルクス主義は、マルクス・エンゲルスが一八四〇年代に編み出した革命理論ではなく、一八八〇年代から九〇年代にかけてドイツ社会民主党によって俗流化されたえせ革命理論であった。

一般にドイツ社会民主党は、一八七五年のゴータ綱領から、一八九一年のエルフルト綱領に至る間、換言すればビスマルクの社会主義者例外法時代にラッサール主義を完全に清算して、マルクス主義の政党となったといわれる。当時ドイツ社会民主党の指導的理論家であったカウツキーを、裏切者として罵倒する第三インターナショナルのいわゆるマルクス・レーニン主義者にとっても、修正主義と闘う頃までのカウツキーは立派な正統派マルクス主義のチャンピオンであったと承認される。すでに裏切者と呼ぶからには、裏切る前には同志であったことを否定していないわけである。

このカウツキー伝説（Kautsky Legende）はしかしながら大きな錯誤であり、虚偽である。カウツキーがドイツ社会民主党の理論的指導者として、一八八〇年代から三十余年間根気よく展開したマルクス主義は、一八四〇年代にマルクス・エンゲルスが完成した革命理論とは本質的に異なるものであった。この両者を区別するために、前者をカウツキー主義（Kautskyanismus）後者を原始マルクス主義（Urmarxismus）と呼びたい。カウツキー主義は哲学の欠如と、その結果として避けることのできない主体性の喪失をもって特徴づけられる。カウツキー主義は資本主義の崩壊を説き、革命を唱えるが、それはあくまで傍観的に宿命的決定論として語られるにすぎず、革命の切迫を前提として革命の戦略および戦術を主体的に把握する革命理論ではない。革命性なき革命論、すなわちえせ革命理論であるところにカウツキー主義の本質があり、その存在理由があった。一八八〇―九〇年代のドイツ社会民主党は、後述するようにこのようなえせ革命理論を必要とすべき根拠をもっていたのである。

ところが一八九〇年代のロシアは革命の前夜にあり、とりわけ主体的な革命理論を強く要請していた。ドイツ社会民主党のえせ革命理論であるカウツキー主義が、この要請に答えられないことはいうまでもなかった。これがプレハーノフ一派のロシア・マルクス主義者が、理論的にはナロードニキを完全に撃破しながら実践的にはナロードニキに対抗できなかった理由である。さらに高度工業国のドイツから輸入されたカウツキー主義は、農民の占めるべき地位と演ずべき役割とを軽視する意味において、農業国ロシアの現実にほど遠い欠陥をもっていたことも忘れてはならない。

このようにしてナロードニキ理論、換言すればスラブ国粋主義の革命理論は農民の過大評価と資本主義の過小評価のゆえに時代錯誤化し、現実から遊離したイデオロギーと化しつつあったのに対して、プレハーノフ派のマルクス主義、換言すれば西欧主義の革命理論は、主体的革命性の欠如と農民の過小評価のゆえに同じくロシアの現実に適応しないイデオロギーにとどまったのである。緊迫したロシア革命はこの二つの革命理論の欠陥を克服した真のロシア革命の理論を切実に要求した。この要求を満足させるものは、きたるべきロシア革命の理論的実践的指導者であるべき運命を担っていた。この使命を百パーセント完遂した革命家がレーニンであったことはいうまでもない。そしてレーニンに、ナロードニキとプレハーノフとのあいだをぬって真のロシア革命の理論を展開すべき手がかりを与えたものは、実に原始マルクス主義であった。ここで原始マルクス主義の検討が要請される。

2　原始マルクス主義

マルクス・エンゲルスは一八四〇年代のドイツにあって、ドイツ古典哲学とイギリス正統派経済学とを、フランス社会主義を媒介として止揚することによって、独特の革命理論マルクス主義を完成した、*3というのが定説となっている。ヘーゲル哲学もリカード経済学も知らない人々までが、右のような公式論をおうむ返しにして、それでヘーゲルも、リカードもさらにマルクス・エンゲルスも卒業したと自負する状態である。このような独断的態度を捨てて、謙虚にマルクス・エンゲルスが出発した問題自体に復帰するのでなければ、マルクス・エンゲルスの革命理論の真髄は永久に把握できない。

マルクス・エンゲルスはドイツ革命を課題とした。どのようにして一八四〇年代の暗黒ドイツを革命して、明るい民主ドイツを建設するかという問題に、二人の若い天才が心をくだいたのである。*4

一八四〇年代のドイツは一七八〇年代のフランスに非常によく似ていた。貴族、軍閥、官僚にかこまれた絶対王政が農民、小市民の自由を極度に束縛していた。そこにはルイ十六世のアンシャン・レジームがいっそう粗野な、いっそう露骨なプロイセン型において、そのまま再現されていた。[5] ドイツの革命は緊迫していたのである。

ドイツ革命の客観的諸条件は十二分に成熟していたにもかかわらず、革命の主体的条件はまったく欠けているように思われた。フランス大革命を遂行した第三階級に相当するドイツのブルジョアジーは、みずからドイツ解放の先頭に立つべき気魄をもたなかった。彼らはフランス革命末期における第四階級の登場に戦慄し、革命を敢行して第四階級の急進主義に脅威されるよりは、むしろ貴族、軍閥、官僚の絶対王政と妥協することを選んだのである。[6] これがマルクスがドイツのブルジョアジーは、革命を学ばずして王政復古だけを模倣したがると罵倒したゆえんである。[7]

早熟的に反動化したブルジョアを俗物（Philister）と名づける。[8] マルクス・エンゲルスはドイツの俗物ブルジョアジーにみずから革命を担当する闘魂のないことを見抜いて、いったんドイツ革命に絶望した。十七世紀におけるイギリス革命や、十八世紀におけるフランス革命のような典型的なブルジョア革命は、ドイツにおいて不可能であることを承認した。それではドイツ革命は全然見込みがないか？[9]

革命とは内部的矛盾の激化によって滅亡に瀕した国民が、自己の責任において断行すべき起死回生の大手術である。革命の客観的条件が成熟しているにもかかわらず、主体的条件の不足ゆえに革命が不可能とすれば、その国民は没落するよりほかはない。十八世紀におけるポーランドの滅亡がその顕著な一例である。そこでドイツは滅亡の運命をまぬがれようとすれば、イギリスやフランスとは全く異なった型の革命を強行する以外に方法はない。ブルジョアジー以外の階級による、ブルジョア革命以外の革命を断行するよりほかに途はない。

そこでマルクスはイギリスおよびフランスのブルジョア革命を分析する。[*10] この二つの革命がブルジョア革命と呼ばれるのは、ブルジョアが自己の階級の利益を最初から念頭において、合目的的に革命を遂行したからではない。[*11] 革命の目標は理想社会の実現であり、クロムウェルの革命軍や、バスティーユやベルサイユ襲撃の民衆を鼓舞したのは正義、自由、平等、友愛といったような、普遍的な人類的な理念であった。ただ革命の進行過程において、ブルジョアジーが自己の階級的利益を鋭く認識し、革命のゆきすぎを阻止することによって崇高な理想の名のもとにブルジョア階級の利益を巧みに確保したにすぎない。この意味において、イギリスおよびフランスの革命は、民主革命としては不徹底であり、不完全なものとなった。ブルジョア革命とはブルジョアジーの利益の限度に停止された不完全革命にほかならない。

マルクスはドイツにおいてブルジョアジーの俗物化のためイギリス・フランス型のブルジョア革命すなわち不完全革命が不可能なことから出発し、フランス革命末期における第四階級の急進的恐怖政治にヒントを得て、独特のドイツ革命論を編み出した。すなわちドイツにおいては、プロレタリア階級によって徹底した民主革命、換言すれば完全革命を遂行することが、残された唯一の活路であるという大胆な結論に達した。[*12] ヘーゲル法哲学批判の末尾においてマルクスは、ドイツ解放の可能性は一体どこに求められるべきかと自問した後、次のように答えているのがすなわちそれである。

「根本的な鎖をもった階級、すなわち市民社会の階級でありながら市民社会の階級ではないような階級、あらゆる身分の解消であるような身分を形成することによってドイツ解放の可能性は与えられる。すなわち普遍的困窮をその普遍的性質とし、特殊な不法ではなくて正に不法そのものが加えられるがゆえに、何ら特殊な権利を要求しないような階層、何ら歴史的および名を誇るのではなく、ただ人間であることだけを主張し、ドイツ国家社会の帰結に一面的に対立するのではなく、その前提に全面的に対立するような人々、すなわち自己を他のすべての階層から解放し、そして社会の他のすべての階層を解放しなければ、自己自身も解放できないような人々、すなわち一言にしていえば人倫の完全な喪失であるような階層、人倫を回復することによってのみ自己自身を回復できるような人々の階層を形成することによって、ドイツ解放の可能性は与えられる。この特殊な階層としての社会の解消こそ、まさにプロレタリアートにほかならない」(Nachlaß I. S. 397)

原始マルクス主義においてプロレタリア階級は人倫の喪失態(Verlust des Menschen)と

してとらえられている。プロレタリアートという概念のなかに、原始マルクス主義のいっさいの秘密がひそんでいる。当時ドイツは産業革命の前夜にあり、近代的プロレタリア階級は未だ成長していなかった。マルクスが一八四三年のヘーゲル法哲学批判から、ユダヤ人問題（一八四三年）、経済学哲学草稿（一八四四年）、神聖家族（一八四五年）、ドイッチェ・イデオロギー（一八四六年）、哲学の貧困（一八四七年）を経て一八四八年の共産党宣言において完成したプロレタリアートという概念は、イギリスの産業革命からその社会的生活状態を、フランスの大革命末期、七月革命とイギリスのチャーチスト運動からその政治的意欲を取材しつつ、マルクスがヘーゲル哲学のまっただなかから創造した高度の哲学的範疇であった。[*13]

ヘーゲル哲学は人間を自覚する精神として把握することによって、プラトン、アリストテレス以来のホモ・サピエンス（homo sapiens）の伝統を承継している。しかもヘーゲルは人間における労働の意義を鋭くえぐり出し、精神現象学において人間は労働することにより自己自身を自覚するとしている。[*14]マルクスはここにさらに一歩を進め、労働こそ人間の本質的規定であるとし、理性的人間観からきっぱりと去って、制作的人間観ホモ・ファーベル（homo faber）の立場に飛躍する。このようにして人間は労働することによって自己自身を客体化し（vergegenständlichen）みずからを実現する（selbstverwirklichen）とされる。労働は生きるための苦役であることをやめて、それ自体が人間性の実現となる。[*15]

それなのに現実の資本主義社会においては、労働は人間の豊かな自己実現(Selbstverwirklichung)ではなくて、恐るべき自己喪失(Selbstentwirklichung)である。みずからの発揚(Selbstäußerung, Selbstvergegenständlichung)ではなくて、自己疎外(Selbstentäußerug, Selbstentfremdung)である。これは何に基づくか?

それは私有財産の高次の形態である資本が人間を支配するからである。そもそも私有財産は人間労働の生産物、すなわち客体化された労働にほかならないが、労働生産物が私有財産として労働する人間から疎外され、かえって人間を支配することになると、人間労働は人間の自己実現から、自己喪失へと転落するのである。[16] このようにして私有財産の成立は、他方において無産者すなわち私有財産をもたない人間の生存を前提とする。資本主義社会は私有財産をもつ資本家が、私有財産をもたない労働者を支配する体制である。そこで過去の労働、すなわち疎外された労働(Entfremdete Arbeit)が、現在の労働、自己疎外した人間(Entfremdeter Mensch)すなわちプロレタリアを搾取する。[17]

プロレタリアは単に商品を生産するだけではなく、自分自身を一個の商品として売却する。私有財産をもたない彼は、生きるためにみずからを切り売りしなければならない。彼がみずからの労働力を売却して得る賃金は、辛うじて生活していけるだけでプロレタリアとして自己の子孫を生むのにやっとたりるだけである。[18] このようにして資本主義社会におけるプロレタリアは人倫の喪失態であると結論される。共産党宣言は人間の自己疎外ないし人倫の喪失態としてのプロレタリアを目のあたりにみるように描いている。ヘーゲル哲学はブルジョア社会における貧富の対立を認識したが、彼はこれを理性国家によって宥和しようとした。そこに、ヘーゲルのブルジョア哲学としての本質があったといえる。ところがマルクスはプロレタリアを市民社会の自己疎外として、人倫の喪失態として把握することによりブルジョア社会に破産を宣告した。もはや宥和の余地はまったくないのである。そこに宥和の哲学が革命の哲学へと転化される秘密の鍵が求められる。

プロレタリアを人倫の喪失態として把握するところに原始マルクス主義のヘーゲル哲学に対する特異な関係があるが、そこにはまた正統派経済学への尖鋭な批判が含まれている。スミスとリカードはいっさいの富、すなわち価値は労働の生産物であるといいきった。ところが彼らは労働生産物のすべてがその生産者である労働者に帰属することなく、利潤、地代および労賃として資本家、地主および労働者に分配されることを少しも怪しまない。いな、正統派経済学は労賃が労働力の再生産費、すなわちプロレタリアの生産費によって決定されることを自然的法則と考えている。

マルクスにとっては、正統派経済学の自然法則は絶対に承服できない。いっさいの富の生産者である労働者に生産物のすべてが帰属しないのは、疎外された労働、過去の労働である私有財産が疎外された人間、現在の労働である労働者を支配し、搾取するからである。それは生産手段の私有財産制、資本主義生産関係の存続を前提とする歴史的法則にすぎない。ここにマルクスのブルジョア経済学に対する根本的批判の端緒があることはいうまでもない。マルクスの経済学哲学草稿（一八四四年）から、経済学批判（一八五九年）を経て主著資本論（一八六七年）に至るまで一貫してブルジョア経済学の批判を主題または副題としており、エンゲルスの青年期における無類の傑作が、経済学批判素描（Umrisse zur Kritik der Nationalökonomie, 1844）と名づけられている理由はここにある。

一見するとまったく矛盾対立しているように見えるリカード経済学とヘーゲル哲学とは、人間の自己疎外を把握することにより、ブルジョアジーの意識としてのその内部的連関を曝露される。

さて自己疎外によって、人倫を喪失した人間、すなわち商品に転化した人間は、それが依然人間である限り、みずからが人間性を奪われて商品に転落したことを自覚し、失われた人倫を奪回しようと決起するに至る。プロレタリアはみずからの階級意識に目覚め、ブルジョアジーに対して階級闘争をいどむ。プロレタリアの自己疎外すなわち人倫の喪失が、生産手段の私有財産制に基づく以上、プロレタリアの自己奪回すなわち人間性の回復は、妥協や改革では絶対に不可能である。生産手段の私有財産制を撤廃して、これを社会化することによってのみ、プロレタリアは解放されることができる。このようにして社会主義はプロレタリアの人間解放運動の目標として把握され、社会主義革命は人倫奪回の聖戦と宣明される。*19

マルクスは市民社会におけるプロレタリア階級の生成と発展という現実から出発して、プロレタリア階級の解放のために革命理論を完成したのではなかった。マルクスの出発点はドイツ革命であり、ドイツにおける人間の解放であって、これを実現すべき現実的基盤として、プロレタリア階級に白羽の矢を立てたのである。あくまで革命が先で、プロレタリアートは後であった。ここに後述するような種々の問題が生ずる原因があったが、ともかくもマルクスが単に世界改革を唱道する空想的社会主義者から、みずから誇称するような科学的社会主義者に飛躍できた理由は、社会主義による人間の解放という理想を、現実に生成したプロレタリア階級の階級意識と階級闘争とを媒介として実現しようとした着想にある。*20

理想を設定することをマルクスは決して排撃したのではない。共産党宣言においてマルクスは「各人の自由な成長が、その他のいっさいの人々の成長を阻害しないばかりか、かえってその条件となるような社会」*21が理想社会であることを明記している。マルクスが排撃したのは、ありふれた理想主義者のように、単に理想を描くだけで、これを実現する具体的方策を何ら講じないで理想を具現したかのような錯覚を抱く傾向であった。どのような「理念も大衆を掌握しない限り無力である」*22とはマルクスの信念であり、「単に思想が現実に迫るだけでは足らず、現実が思想に迫るのでなければどのような変革も望み得ない」*23というのがマルクスの革命思想の基調をなしていた。「哲学はプロレタリアートにおいて物質的武器を、プロレタリアートは哲学において精神的武器を見出す」[*24]とされるゆえんはここにある。

このようにして原始マルクス主義は、人倫の喪失態としてのプロレタリアートの人倫奪回に関する戦略と戦術であり、革命の緊迫性を大前提とした純然たる革命理論であった。マルクスは生来の革命家であり、一八四八年のドイツ革命が惨澹たる失敗に終わってからは、ロンドンの図書館で資本論の著述に没頭したとはいえ、終生革命家をもって一貫した。資本論は実にブルジョア経済学の前述の意味における根本的批判を通じて人間のプロレタリア化過程を分析することにより、プロレタリアの人間性回復すなわち社会主義革命の主体的客体的条件を科学的に究明しようとした革命理論[*25]であった。一八六〇年代以後の資本論を中心としたマルクス・エンゲルスの壮大な思想体系は、後述の理由によって、これを科学的社会主義と呼び、原始マルクス主義から区別することが必要であるが、マルクス・エンゲルスの理論は、一八四〇年代の原始マルクス主義から一八六〇年以後の科学的社会主義を通じて高度の革命性をもって一貫されている。

マルクス・エンゲルスの思想と理論とに特有な高度の革命性は、実にその哲学性からきていた。マルクス・エンゲルスはヘーゲル哲学をフォイエルバッハを媒介として止揚することによって、およそいっさいの哲学と縁を切ったとする俗論が特にわが国のマルクス主義者の間に支配的である。彼らによれば、哲学はすなわち観念論であり、脳髄の創作物

(Hirngespinst)すなわち妄想にすぎず、ヘーゲル哲学からマルクスが相続したのは、弁証法と称する形骸にとどまるとされる。これほど重大なマルクス冒瀆はない。マルクスは正・反・合とか、量の変化は質の変化に転化するとかいう彼らのいわゆる弁証法をヘーゲルから承継したのではない。マルクスはヘーゲル哲学の生き生きした、血のしたたるような豊かな内容を摂取した。マルクスの中心概念である労働はヘーゲルの精神現象学から承継せられ、マルクスの自然、社会、歴史観はヘーゲルからの発展であった。

市民社会という概念はヘーゲルが形成したものであるが、マルクスはこの概念をその豊富な内容ぐるみヘーゲルから相続した。ただマルクスは人間観をヘーゲルの理性人からフォイエルバッハの感性人を媒介として制作人にきりかえることによって、ヘーゲルの宥和哲学を革命哲学に転化したにすぎない。ヘーゲル哲学のモティーフは現存秩序としての理性と、自覚する精神としての理性との宥和(Versöhnung)にあった[*26]から、市民社会の分裂は理性国家によって宥和されることができた。これに反してマルクスのモティーフは現存秩序の革命にあったから、市民社会の矛盾は市民社会の自己疎外としてのプロレタリアートの自覚を通じて変革されざるを得なかった。ヘーゲル哲学が精神の現象学をもって始まる絶対精神の自覚の学であったのに対して、マルクス哲学は労働の現象学をもって始まるプロレタリアートの自覚の学であった。このようにして人間解放の頭脳は哲学であり、心臓はプロレタリアートであるとされ、哲学はプロレタリアートを止揚せずには実現されることができず、プロレタリアートは哲学を実現せずにはみずからを解放できないと断言される。

3 カウツキーとベルンシュタイン

原始マルクス主義の真髄はその高度の革命性にあり、その革命性は哲学に基づいていた。そしてその哲学はプロレタリア階級を人倫の喪失態として把握するところに鍵をもっていた。この原始マルクス主義の特質の中には、マルクス主義が恐るべき俗流化をのちにこうむるあらゆる素因がひそんでいた。

第一にその特異なプロレタリアの概念が破綻した。一八五〇年代からドイツの産業革命が進行を開始し、一八七〇—八〇年代にドイツ資本主義がすばらしいテンポで上昇するや、プロレタリア階級は繁栄の余沢に等しく浴し、その生活水準はとみに高まった。先進国イギリスにおいてはプロレタリア階級の小市民化はいっそうはなはだしかった。イギリスやドイツの労働者階級はもはやみずからが人倫の喪失態であるとは考えず、失うべき何物をももたないとは思わなかった。[*27]プロレタリア階級は生活水準の向上とともに、人倫の喪失態であることをやめ、原始的な革命性を失ったのである。彼らの意図することはもはや完全革命ではなく、現存社会内における賃金の引き上げであり、社会政策の実行であった。

ここに原始マルクス主義のプロレタリア概念は現実から遊離するに至った。

第二に一八五〇年代からドイツをはじめヨーロッパ全体にヘーゲル哲学の流行が衰え、一八九〇年代に新カント派が勃興するまでの哲学界に空位時代が生じた。おりから自然科学の全盛時代であったので、その影響を受けた実証主義的、経験主義的俗流が支配的となり、哲学軽視ないし無視の傾向が支配した。このような雰囲気において、マルクス・エンゲルスの革命理論の根底をなす深遠な哲学は到底理解されることができなかった。ここにマルクス・エンゲルスを哲学と無縁なものとして理解しようとする俗流マルクス主義の存在理由があった。

第三に哲学への無知から、マルクス主義を哲学から切り離して理解しようとする場合、マルクス主義は資本主義発達史に堕する。このようにして哲学的主体性と革命的行動力とを失ったマルクス主義は、資本主義は自然必然的に崩壊して社会主義に移行するという宿命的決定論になってしまう。およそ主体性のない宿命的決定論ほど危険なものはない。なぜかというと宿命的決定論をもってしてはどのような種類の実践をも基礎づけることができないからである。しかも実践における無為をおおいかくすために、口には革命を絶叫することとなり、ここに深刻な理論と実践との矛盾を招来し、性格破産者を育成することとなる。

第四にこのようにして主体性を喪失したえせマルクス主義者は、現存ブルジョア国家を打倒することによって、生産手段の社会化を実現すべきプロレタリア国家を建設する必要のあることを理解できない。彼らは、およそ国家というものは階級国家であるから、国家は革命と同時に死滅すべきものと考え、社会主義の実現という困難な課題を遂行すべきプロレタリア国家の重大な任務を忘却する。これこそ彼らがまじめに革命を実行しようとする意志をもたない結果である。そのために俗流マルクス主義はマルクスの階級国家観の底に、祖国および民族に対する熱烈な愛情が奔流していることを把握できない。*28 彼らはプロレタリアに祖国なしというようなマルクスの片言隻語を前後の脈絡から切り離して暗誦することをもって能事終われりとし、みずからの祖国と民族とに対する責務をサボタージュする。

マルクス主義俗流化の以上四項目は、一八八〇—九〇年代のドイツ社会民主党によって明確に具現された。俗流化されたえせマルクス主義の輝けるチャンピオンはカール・カウツキーであったことはいうまでもない。カウツキーはマルクスから俗物と呼ばれたとおり、哲学をまったく解しない実証主義者であった。彼の課題は現実から遊離したマルクスのプロレタリア概念と真剣に対決して、軍閥、官僚、資本家の抱合政権である帝政ドイツにぴったり適応した革命理論を編み出すことにあったにもかかわらず、彼はマルクスからいっさいの哲学的主体性と革命的行動力を奪っただけで、何一つ付け加えなかった。

哲学を奪われたマルクス主義は当然経済史になるが、この領域においてもカウツキーは完全な無能、理論的創意の欠如を曝露した。彼はマルクスの学説と矛盾した現実にはいっさい眼を閉じ、絶対に「修正」(Revision)を承認しなかった。理屈好きのドイツ人にはカウツキーのこの態度が首尾一貫した非妥協性として喜ばれた。カウツキーよりははるかに科学的精神と主体的行動力とをもったベルンシュタインが、一八九〇年に『社会主義の前提と社会民主党の任務』(Die Voraussetzungen des Sozialismus und die Aufgaben der Sozialdemokratie)を著して、マルクス主義の修正を要求したとき、正統派マルクス主義の名において、修正主義を反駁したのはカウツキーであった。しかしカウツキー主義は、ベルンシュタインの陽性修正主義よりもいっそう悪質な陰性修正主義であり、えせマルクス主義であることはもはやくどくどしくいうまでもあるまい。

プレハーノフがロシアへマルクス主義を輸入した時、全ヨーロッパのマルクス主義を支配していたのはカウツキー主義であった。生活水準の向上によって革命を忘却したドイツのプロレタリア階級は、カウツキー主義で満足したが、ツァーリズムと内外資本家との抱合により、苛酷な搾取に塗炭の苦しみをなめ、革命を待望するロシアのプロレタリア階級にとってはカウツキー主義は現実から遊離したイデオロギーにすぎなかった。ただドイツ社会民主党の隆々たる声望は、西ヨーロッパに対し伝統的に劣等感を抱いているロシア人にとって絶大な権威をもったから、カウツキー主義の影響力は決して軽視することはできなかった。

4 レーニン主義

ナロードニキもカウツキー主義も、ロシア革命の理論となることができないとすれば、原始マルクス主義が再検討されなければならないことは明らかである。一八九〇年代のロシアは、一八四〇年代のドイツときわめて似ている。一八四〇年代のドイツに存在した大地主、貴族、軍閥、官僚の絶対王政はいっそう粗野な、一段とアジア的な形態で一八九〇年代のロシアに拡大再生産されていた。一八四〇年代のドイツを背景とした原始マルクス主義は、一八九〇年代のロシアにほとんどそのまま適用されることができるはずであった。レーニンは生得の革命的行動力と現実政治家的才幹とをもってみごとにこの課題を果たした。

レーニン(ウラジミル・イリッチ・ウリヤノフ)は、一八七〇年シンビールスクに生まれた。彼の父は地方の名士であったが、兄はナロードニキのツァーリ暗殺事件に加担して処刑された。彼はカザン大学で早くも、革命運動に身を投じ、サマルを経て一八九三年にペテルブルクに移った。その頃彼はすでにマルクス・エンゲルスの著作を研究して、マルクスの革命理論を自家薬籠中のものとしていた。彼の生まれながらの革命家としての天分が、幾多の先輩をぬいて、原始マルクス主義の真髄を会得させたのである。

レーニンはマルクス・エンゲルスと同じく革命の緊迫性から出発した。彼は生まれながらの革命家であったから、既成の理論に拘泥して革命の好機を逸することは論外であった。プレハーノフを始めロシアのマルクス主義者は資本主義という概念にとらわれて、ツァーリズムを忘れ、少数のプロレタリアートを偏重して膨大な農民を看過した。革命家としてのレーニンの天才は早くもロシア・マルクス主義者の公式論の欠陥を洞察した。彼はロシア革命の課題は何よりまず人民の自由を暴圧するアジア的専制主義、ツァーリズムの打倒であり、このためには広汎な農民層の革命的エネルギーの動員が不可欠であることを知った。この点まではナロードニキの方がロシアのマルクス主義者よりも正しい。

だが、農民は一揆を起こすことはできても、革命を遂行する能力をもっていない。この点においてナロードニキは誤っている。そこでブルジョアジーの無力と反動性とにかんがみ、プロレタリアートが農民と同盟しこれを指導するのでなければツァーリズムの打倒は不可能である。ツァーリズムが打倒されたならば、プロレタリア階級は貧農、半プロレタリアその他いっさいの被圧迫階級と提携し、プロレタリア独裁の形態で彼らを指導しつつ、外国の労働者階級との協力によって社会主義革命へと進むことができるとした。すなわちレーニンは第一段階に労働者と農民との同盟によるツァーリズム打倒を、第二段階にプロレタリア独裁による社会主義革命を企図したわけである。これこそ実にレーニンが五十余年前に『人民の友とは何ぞや』（一八九四年）で展開したロシア革命の理論の骨子である。

レーニンのロシア革命の理論が、原始マルクス主義のロシアへのみごとな適用であったことはくどくどいうまでもない。マルクスがドイツ・ブルジョアジーの早熟的反動性にかんがみ、プロレタリアートによるドイツの完全民主革命を企図したのとまったく同様に、レーニンはロシア・ブルジョアジーの早熟的反動性にかんがみ、プロレタリアートと農民との同盟によるロシアの完全民主革命を企図した。農業国としてのロシアの特殊性が、プロレタリアートと農民との同盟を革命の主体たらしめた点のみが、レーニンとマルクス・エンゲルスとの相違点である。そしてここに、レーニン主義を東欧共産主義として、ローザ・ルクセンブルクの西欧共産主義から区別する重要な特徴の一つがある。

レーニンは理論の鋭さと性格の強さとでペテルブルクの革命運動において早くも断然頭角を現した。彼は一八九五年には約二十のマルクス主義グループを「労働者階級解放闘争同盟」に統合することによって、少数有志へのプロパガンダから勤労大衆に対するアジテーションに進出した。間もなくレーニンは、捕らえられてシベリアに流刑されたが、一八九八年三月彼の不在中にミンスクにおいてロシア社会民主労働党第一回大会が開催され、党は誕生した。しかし社会民主労働党は未だ明確なロシア革命の理論を党の綱領として確立することができなかった。というのは、レーニンの卓抜なロシア革命に関する理論はすでに完成していたが、ロシアのマルクス主義者のほとんど大部分は未だドイツ社会民主党のカウツキー主義を信奉していたからである。カウツキー主義を克服するというレーニンの苦難の道はここに始まった。

レーニンは流刑中に『ロシアにおける資本主義の発達』を書いて、ナロードニキの迷妄にとどめを刺したが、ロシア社会民主労働党内の日和見《ひよりみ》主義的傾向に憤激し、一九〇〇年シベリアより帰還するやただちに、非合法紙イスクラを発行して、レーニン主義の浸透に努力した。当時ロシアのマルクス主義者中には圧倒的多数のカウツキー主義者のほかに、相当数のベルンシュタイン主義者が現れ、エコノミストの名の下にツァーリズムに対する政治闘争の全面的停止を主唱していた。レーニンの闘争は差し当たりこのエコノミズムの打倒に集中された。イスクラは実にこの闘争における主たる武器であり、党結成の礎石たるべきものであった。

レーニンが一九〇二年三月著した『何をなすべきか?』という小冊子は、エコノミズムに対する理論闘争を当面の課題としたが、そこにはプロレタリアートの前衛としての革命政党の組織問題について、レーニンの尖鋭な理論が遺憾なく展開されている点できわめて注目すべきである。レーニン主義における党組織論の重要性にかんがみ、本書の意義は絶大である。

エコノミストはツァーリズムに対する政治闘争は本来ブルジョアジーの任務であると考え、プロレタリアートは資本家に対する経済闘争に専念すべしと説いた。正にベルンシュタイン主義のロシア版である。またエコノミストは労働者階級に社会主義を上から押しつけることに反対し、労働者階級の中から、自然発生的に社会主義思想が生まれるまで待つべしとした。

レーニンはロシア革命の使徒として、エコノミストの日和見主義に体当たりする。ロシア帝国の内部的矛盾は爆発の前夜にあり、ツァーリズム打倒の完全民主革命のみがロシア民族を滅亡から救うことができる。そしてブルジョアジーにツァーリズム打倒の気魄がない以上、プロレタリアートは農民と同盟してこれを完遂するよりほかに途はない。このような情勢下に、政治闘争をサボタージュすることは祖国に対する裏切りにほかならない。したがってロシア社会民主労働党はツァーリズムに対する政治闘争を主眼とする純然たる革命軍でなければならない。

また労働者階級の中から社会主義思想が生まれるのを待つのは、百年河清を待つに等しく、間近に迫ったロシア革命に間に合わない。職業的革命家すなわち生来の革命家が、上から労働者階級を啓蒙して、これに社会主義思想を吹き込まなければならない。したがってロシア社会民主労働党は、プロレタリア大衆の政党であってはならず、プロレタリアートの前衛としての職業的革命家の政党でなければならない。プロレタリア大衆から引きずられるのではなく、これを引きずる組織でなければならない。[*29]

このようにしてレーニンの意図するロシア社会民主労働党は、革命に専念し、ツァーリズムの秘密警察との闘争技術を修得した職業的革命家の戦闘組織でなければならないことになる。これはドイツ社会民主党のように多数勤労階級を党員とした大衆政党とはまったく異なる独特の政党であって、歴史に前例を求めればジェスイット教団がその唯一のものであろう。マルクス・エンゲルスの共産主義者同盟は、なるほど職業的革命家の集まりであったが、実力は微弱で到底比較にならない。

レーニンの党組織論は、ロシア革命の緊迫性を前提とし、ツァーリズム警察の猛烈な弾圧、ロシア労働者の知的水準の低位等を顧慮すれば、きわめて正当なものであった。しかしドイツ社会民主党の隆々たる声望に眩惑されていたロシアのマルクス主義者たちにとっては、レーニンの独創的見解はあまりにも異様であり、不可解であった。彼らはレーニンの党組織論が専制的、独裁的であって民主的でないと非難した。彼らの反対は、当時のロシアの情勢下においては明らかに誤っていたが、そこにはレーニン流の組織論がややもすれば陥りがちな独善的官僚主義に対する予防的警告として妥当なものが含まれていた。

いうまでもなく、職業的革命家の戦闘組織は、革命軍としての闘争力においては、遥かに大衆政党にまさるであろうが、ともすれば勤労大衆の意欲から遊離した、独善的革命官僚の結社と化しやすい。とすれば彼らのいわゆるプロレタリアートの独裁は、党のプロレタリアートに対する独裁へ、いな、ごく少数の幹部の専制主義に堕する危険がすこぶる大きいといわねばならない。前衛の指導はヒトラーの指導者原理に酷似しており、一種の全体主義ということができる。この危険はすでに原始マルクス主義の中に萌芽的に含まれている。原始マルクス主義は、哲学がみずからの実現のためにプロレタリアートの解放を行おうとするものであって、プロレタリアートの解放のために哲学の実現を考えたのではなかった。マルクス・エンゲルスのプロレタリアートという概念には、ヘーゲルの絶対精神に通ずる絶対性が附着しており、プロレタリアの名において、暴力的独裁が行われる可能性を蔵している。

それはともかくとして、プロレタリア大衆から、前衛としての党を峻別し、党の組織を職業的革命家に限定しようとするところに、レーニン主義が東欧共産主義として、ローザ・ルクセンブルクらの西欧共産主義から区別される第二の特徴がある。先に述べた第一の特徴すなわち農民の重視が、ロシアの農業国としての特質に根ざすものとすれば、第二の特徴すなわち少数精鋭党組織はロシアの専制主義国としての特徴に基づくものということができる。ローザは西欧共産主義の立場から、レーニンの党組織論を反民主主義的であるとして痛烈に批判している。[*30] しかしレーニンも、職業的革命家のみを党員とすべしという主張を、専制国家に限定しているところを見れば、[*31] 専制主義国家と異なる国家においてまで、その党組織論を固執したのではないことは明らかである。レーニンの課題はあくまでロシアの革命であった。したがってレーニンはロシアの現実から出発し、ロシアの特質を十分考慮したのである。

レーニンは機関紙イスクラによって、ロシア革命の理論を具体化し、その戦略と戦術とを確立した。ロシア革命は『人民の友とは何ぞや』において明らかにされたとおり二段階に分けて遂行されるべきものであるとされた。第一段階は労働者と農民との同盟によるツァーリズムの打倒と民主共和国の建設である。労働者と農民とのいわゆる民主独裁によって、労働者に対しては、八時間労働制の採用が、農民に対しては、農村における封建的残滓の打破、すなわち土地の供与が約束される。第二段階はプロレタリアートの指導下に貧農、半プロレタリアをよせ集めて資本主義を打倒し、社会主義を実現する。この段階の政治形態はいうまでもなく、いわゆるプロレタリアートの独裁である。

右の第一段階をレーニンはロシア社会民主労働党の最低綱領とし、第二段階を最高綱領とすべきことを提議した。一九〇三年七月十七日から、最初はブリュッセルで、続いてロンドンで開催されたロシア社会民主労働党第二回大会は、レーニンの右の提案を可決した。*32ところが党大会は党則の審議を開始するや、果然レーニンの党組織論をめぐって党内の深刻な対立を曝露した。レーニンの党組織に関する主張は党則案第一条における党員の資格要件に最も端的に表明されていた。すなわちレーニンによれば、党員たる資格は第一に党の綱領を承認すること、第二に党を物質的に支援すること、第三に党のいずれかの組織に属することの三つを要件とした。*33これに対し、レーニン案に反対するマルトフの党則案は、第一と第二の要件のみでたりるとした。すなわちレーニンは、党のいずれかの組織の一員として、革命に専念する少数精鋭のみを党員にしようとするのに対して、マルトフは、党を支持し党の影響下にある大衆を党員として包含しようとするわけである。

レーニン案を採れば、ロシア社会民主労働党はロシア革命を指導すべき革命軍の前衛となるが、マルトフ案を選べば労働者階級の利益擁護を使命とするドイツ社会民主党流の急進主義政党となる。革命にまっしぐらに進むか、社会改良に没頭するか？　ロシア社会民主労働党はここに重大な岐路に逢着した。票決の結果は、マルトフの提案が二十八票対二十二票の多数で採択された。イスクラ紙に筆陣をはったレーニンの必死の奮闘にもかかわらず、レーニンの党組織論はロシア社会民主労働党の幹部に十分理解されなかった。なぜなら当時ドイツ社会民主党のヨーロッパ労働運動において得ていた声望は絶大であり、マルトフ派は同党の強力な精神的支援を背景とすることができたからである。

ここに今一度注目すべきことは、レーニンの党組織論が、ドイツ社会民主党の陽性ならびに陰性修正主義者から攻撃を受けたのみならず、前述したようにローザ以下の西欧共産主義者からも非民主主義的として痛烈に批判されたことである。これを見てもわかるとおり、レーニン的党組織論を採用することは必ずしもすべての国において革命的政党であることに不可欠の要件であるわけではない。帝政ロシアのような徹底した専制主義国の場合と、帝政ドイツのようなある程度民主的に開明された半専制主義国の場合とでは大いに事情を異にする。いわんやイギリス、フランスのような民主主義国において、職業的革命家の前衛党を考えることはナンセンスである。このような党はいたずらに世論の敵意を挑発して自壊作用を遂げるにすぎない。アメリカとイギリスの共産党の実勢がこのことを雄弁に物語っている。

さてロンドンの党大会に復帰すると、レーニン案が否決された後、大会には重大な変化が起こった。まずユダヤ人の民族主義的要求が否決された結果、社会主義的ユダヤ人のブンド派が退場し、ついでエコノミスト派も在外党代表の問題でともに脱退したので、マルトフ派は七名を失った。こうしてレーニン派は二十八対二十二の少数派から、二十二対二十一の多数派となり、党の中央委員会を掌握した。*34 ここにおいてレーニン派は多数派すなわちボリシェヴィキ、マルトフ派は少数派すなわちメンシェヴィキと呼ばれることとなった。

ボリシェヴィキとメンシェヴィキとの対立が、一見些細な党員資格要件の審議を機として表面化したことは決して偶然ではなかった。党則案第一条の問題に、ボリシェヴィズムとメンシェヴィズムとの根本的相違が集約されており、この両派の主張は絶対に宥和され得ず、両派の間に妥協はまったく不可能であった。ロンドンの党大会以後一九一二年にボリシェヴィキが独立するに至るまで約九年間にわたって、両派はロシア社会民主労働党内に併存して血みどろの抗争を続け、党機関、党機関紙を争奪した。形式的には党内における支配権の争奪であるが、実質的にはまったく異なる二つの党の対立であった。

ボリシェヴィズムとメンシェヴィズムとの対立は通常過激派と穏和派の対立と考えられ

ている。第三インターナショナルはボリシェヴィズムのみが正統派マルクス主義であり、メンシェヴィズムは日和見主義・修正主義であると罵倒し、第二インターナショナルはメンシェヴィズムをマルクス主義の嫡流とし、ボリシェヴィズムはマルクス主義のアジア的変態であると酷評する。これらの判断はいずれも一方的であるが、しかしそれぞれ幾分かの真理を含んでいることは興味がある。

ボリシェヴィズムのメンシェヴィズムに対する最大の特徴は、その主体的革命性と、農民重視と少数精鋭党組織とにある。この三つの特徴はすべてボリシェヴィキがロシア革命の緊迫性を確信し、みずから革命の主体になろうと決意したことから始まっている。革命の緊迫性を確信し、みずから革命の主体になろうとするところに、ボリシェヴィズムが原始マルクス主義の正統的後継者をもって自認すべき根拠がある。この点においてレーニンは六十年前のマルクス・エンゲルスの精神の真髄をつかんでいる。

しかし、農民がきたるべきロシア革命において占めるべき役割を重視する点と党を職業的革命家の戦闘組織にしようとする点において、ボリシェヴィズムは純ロシア的であり、マルクス主義のロシア的変態と呼ばれるべき理由をもっている。経済的には農業国、政治的には専制主義という後進国ロシアの特色がそこに烙印されているからである。

メンシェヴィズムはドイツ社会民主党の影響下にカウツキー主義とベルンシュタイン主義とをそのままロシアに適用しようとする。ロシア革命の緊迫性を把握せず、みずからの革命を遂行すべき気魄をもたない意味において、原始マルクス主義からは遠くへだたっているが、ドイツ社会民主党のいわゆる正統派マルクス主義に支援されている意味において、国際的には通りがよい。メンシェヴィズムはロシアの現実においては一個の外来イデオロギーにすぎなかったが、ロシア人の精神生活をスラブ国粋主義とともに二分して支配してきた西欧崇拝主義の伝統に支配されて、ボリシェヴィズムよりかえって優勢であった。ロシア・マルクス主義の父プレハーノフもメンシェヴィキに転向するものが続出した。ついに一九〇四年の夏属した幹部の中にも、メンシェヴィキに復帰し、いったんレーニン派ににはメンシェヴィキはふたたび党内の圧倒的多数を制し、党中央委員会を奪還した。機関紙イスクラもメンシェヴィキの手中に帰し、ボリシェヴィキは一九〇五年一月新たに自派の機関紙『前進《フペリヨード》』を発刊せざるを得ないこととなった。[*35] レーニンは一九〇四年五月『一歩前進二歩退却』を書き、党はプロレタリア大衆から峻別されるべき職業的革命家の組織であるべきことを説き、党組織・党規律の確立が、プロレタリアートの唯一の武器であることを強調して、メンシェヴィズムを攻撃したが、大勢はどうすることもできなかった。[*36] 外来イデオロギーにすぎないメンシェヴィズムの強靭さを知るべきである。またドイツ社会民主党の国際的勢力を見るべきである。

レーニンは資本主義を無視することによって現実から遊離したイデオロギーと化したナロードニキと、農民を軽視する外来イデオロギー・メンシェヴィズムとの間に、ロシアの現実にぴったり適合したロシア革命の戦略と戦術とを創出した。ここに彼の革命的現実政治家ないし現実政治的革命家としての本領がある。注目すべきは彼のナロードニキに対する関係である。彼はもちろんナロードニキの浪漫主義的迷妄を完全に粉砕したが、メンシェヴィキのように単にこれを排撃しただけではなかった。レーニンはナロードニキからその革命的行動力を摂取し、農民重視を承継した。

たとえ理論的には幼稚であり脆弱であろうとも、ナロードニキにはロシア革命の緊迫性に対する不動の信念と、革命遂行への闘魂、気魄、情熱があった。一八六〇年代から一九一七年までナロードニキがロシアの革命のために果たした功績は絶大である。ナロードニキの革命的英雄主義の伝統がなければ、一九一七年のロシア革命は絶対に考えられない。なかんずくナロードニキのツァーリズムに対する非妥協的な憎悪と、ツァーリズム打倒への牢固たる決意はロシア革命に不滅である。ヴェーラ・フィグネル女史のように、身は大公の令嬢として生まれながら、ツァーリの暗殺に連坐して捕らえられても、三十年間牢獄にあって節をまげなかったような例は枚挙にいとまがない。実に転向を知らないこと、変節をしないことがナロードニキのナロードニキたるゆえんであった。*37

天性の革命家であるレーニンは、ナロードニキの革命性をさぐりあて、これを遺憾なく摂取した。さらにナロードニキのロシア農民に対する信仰から、きたるべきロシア革命における農民の演ずべき役割の重要性を承継した。またナロードニキの革命的英雄主義から、少数精鋭党組織論を展開した。実にレーニンはナロードニキからそのすべての長所を相続したのである。ここに凡庸なマルクス主義者から区別されるべき革命家としての彼の絶大な天分がひらめいている。ナロードニキの意図したロシアの人民革命は、レーニンのマルクス主義理論によって、労働者と農民との同盟による人民革命にまで発展させられた。漠然とした人民（ナロード）は、マルクス主義を媒介として労働者と農民というはっきりした規定を与えられたわけである。*38 この意味においてボリシェヴィズムはナロードニキとメンシェヴィキとの弁証法的統一と呼ぶことができよう。

第四章　ツァーリズムの苦悶

1　日露戦争

二十世紀に入ると、ロシア帝国の苦悶はいよいよその深刻の度を加えた。この時優柔不断なニコラス二世（編集部注・現在の表記はニコライ二世が主）が帝位に即《つ》いたことは事態をいっそう困難なものとした。ツァーリズムの苦悩は内外両面から来た。一八九〇年代に始まった資本主義の高揚は、モスクワ、ペテルブルク、オデッサ等の大都会に近代的プロレタリアートを育成した。後進ロシア資本主義は、その後進性のゆえに特定の重要産業部門において資本主義全体の規模に不相応なほど高度な資本集積と企業集中とをもたらした。農村における農奴制の実質的存続はプロレタリアートの労働条件を極度に低い水準に圧迫し、アジア的専制主義は独立自尊心のないブルジョアジーと抱合して、プロレタリアートの政治的自由を弾圧した。ここにおいてロシアのプロレタリア階級はきわめて戦闘的であり、革命的であった。ツァーリズムは、ここに解放を求める農奴と、これに献身的同情を捧げる革命インテリゲンツィアとのほかにプロレタリアートという新鋭の敵をもつこととなった。

折しも一九〇〇年から一九〇三年にかけてロシアは恐慌に襲われ、三十四の大工場が閉鎖され、約十万の失業者が生まれた。十九世紀末に果敢なストライキによって獲得されたわずかな労働条件の改善も、資本家の反攻勢によって奪還された。そこでロシアにはふたたびストライキの嵐が吹きすさぶこととなった。[*1]

一九〇一年オブホブスキー工廠のストライキにはついに軍隊が出動し、労働者は石と鉄屑とで英雄的に抗戦するというすさまじい事件が勃発した。労働者は結局敗れたが、経済的ストライキがツァーリズムとの政治闘争に転化した意味で最も注目される。一九〇二年にはロストフで鉄道従業員のストライキに多数の工場労働者が参加して、ほとんどゼネストの様相を呈した。一九〇三年にはバクー、チフリス、バツーム、オデッサ、キエフ等に大規模なストライキが起こり、革命的風潮はしだいに全国に拡大する形態を示した。都市のストライキに刺激されて、農村においても各地に農民一揆が散発し、学生運動もこれに加わった。

ツァーリズムはこれらの革命的傾向に対して、持ち前のアジア的野蛮性を発揮し、軍隊、コサック、憲兵、警察力を用いて情容赦のない鉄槌を加えた。しかしツァーリズムの露骨な弾圧には、心ある人士の眉をひそめさせるものがあったので、やや慎重な、いくらか進歩的傾向を有する支配階級の一部は、ツァーリズムのゆきすぎと脱線とを憂慮し、ツァーリズムを自由主義的に教化しようと考えるに至った。彼らは都会と地方とのブルジョアジー中、西ヨーロッパの自由主義に感染した連中であって、かつてイギリスやフランスの先輩が示した自主独立的な、革命的な気魄はまったくもっておらず、ただツァーリズムのアジア的専制主義を自由主義的な扮装で緩和しようとしたにすぎなかった。[*2] 彼らは一九〇二年『解放』と称する雑誌を発行し、翌一九〇三年の夏「解放同盟」という結社を組織した。これが後に立憲民主党（カデット）として登場する自由主義政党の発端であった。たとえきわめて微温的、妥協的な形態であるにしろ、ともかくも、ロシアにブルジョア民主主義へのかすかな意欲が動き始めたことは注目すべきである。

他面ツァーリズムは、労働者階級がロシア社会民主労働党の影響下ににわかに革命的傾向を強化したのに非常な脅威を感じ、政府の保護指導下に御用労働組合、御用政党を設立して、労働者階級を教化しようとした。ナロードニキの指導者中には、社会民主労働党の伸張をねたむあまり、革命運動を裏切って、ツァーリズムに奉仕しようとする落伍者も現れてきた。[*3] 政府に労働運動の指導を提議したティホミロフがその例である。憲兵大佐ズバトフはこの要望に応えて、一九〇一年モスクワに御用団体を組織した。このいわゆる「警察社会主義」団体は、やがてペテルブルクその他の地方にも普及した。血の日曜日の主役を演じた僧侶ガポンが一九〇四年結成したペテルブルク工場労働者協会も警察社会主義の一派であった。

ツァーリズムの苦悩は国内からきただけではなかった。ロシア帝国は新興ドイツ帝国に圧迫を感じ始めたのである。ナポレオンの打倒とウィーン会議に主導的役割を占めたツァーリ帝国は、十九世紀を通じてヨーロッパの国際政治に重きをなしていた。クリミア戦争の失敗とベルリン会議は大きなつまずきではあったが、一八八〇年代に至るまで、ツァーリズムは外から何らの脅威も受けなかった。

ところがドイツ帝国の飛躍的発展は事態を根本的に変化させた。一八七一年の帝国統一以来ドイツの国力は、すばらしいテンポで躍進を続けたからである。まずドイツの経済力はルールの石炭とエルザス・ロートリンゲンの鉄鉱石とを基盤とし、ドイツ人の緻密と勤勉とを媒介として、たちまちフランスを圧倒し、イギリスに迫った。一八七〇年におけるドイツの銑鉄生産高は一、三九一千キロトンでフランスとほぼ等しく、イギリスの約五分の一であったが、三十年後の一九〇〇年には八、五二一千キロトンすなわち一八七〇年の六倍以上に激増し、フランスの三・五倍、イギリスの九割に達した。それからわずか三年後にはドイツ鉄鋼業はイギリスを追いこし、十三年後には、その二倍となった。

このように顕著なドイツ帝国の経済的躍進はただちにドイツの政治的勢力に反映した。三十年戦争以来、いなその遥か以前から列強の侵略にさらされ、諸勢力の角逐場と化して来たドイツ国民のエネルギーは、せきを切った奔流のように爆発した。一八八〇年代からヨーロッパの勢力均衡は新興ドイツ帝国によって完全に攪乱された。

ドイツ国力の急激な膨張によって最も脅威を受けたのはフランスであったが、ロシア帝国もまたドイツの圧力をひしひしと痛感した。ツァーリはナポレオン戦争以来プロイセンを一種の属国視して来たので、プロイセン・ドイツの風下に立つことはたえられない屈辱であると考えられた。ベルリン会議におけるビスマルクのロシアに不利な裁定は、ツァーリの伝統的親プロイセン政策を再検討させる契機となった。ビスマルクの後継者がロシアとの緊密な関係の保持を怠った時、ロシアはほとんど物理的法則にしたがってフランスに接近した。一八九〇年代からロシアとフランスとの強力な同盟が始まった。

ロシア帝国はフランスと同盟することによって、ドイツの圧力に反発しようとした。またフランス資本の導入によって上から資本主義を培養しようと狂奔した。しかし、ツァーリズムはいわゆる帝国主義の時代には明白な時代錯誤となっていた。ツァーリズムのよって立つ社会的経済的基盤、すなわち農奴制はロシア資本主義の発達を強く制約した。ロシアがイギリスやドイツ等の近代的帝国主義国に対抗するためには、ツァーリズムを打倒することが先決問題であった。

一九〇〇年におけるロシア帝国の人口は一億二千六百万人であり、イギリスの四千百万人、フランスの三千九百万人はもとより、ドイツの五千六百万人を遥かに圧倒していた。

それにもかかわらず、ロシアの石炭生産高はわずかに一、六〇〇万トンにすぎず、イギリスの十四分の一、ドイツの八分の一、フランスの二分の一にもたりなかった。銑鉄生産高も同様で、イギリス、ドイツの三分の一以下であり、貿易額はイギリスの五分の一、ドイツの四分の一にとどまっていた。ロシアの経済力がこのように先進国に比して劣っていた原因は、ツァーリズムの本質にあった。ロシアには資源がなかったのではない。いなロシアはどのような強国をも凌駕する豊富な天然資源をもっていた。しかし農奴制に伴う国民生活水準の驚くべき低位と、アジア的専制に基づく国民の文化的後進性とが、ロシアにおける近代工業の躍進を不可能にしていた。なぜなら国内市場が狭隘で、国民に自発的な勤労意欲が欠けていたから、資本主義の発達には窮屈なわくがあり、したがって独占資本、金融寡頭支配、資本輸出といった近代的帝国主義国の特徴的様相は、ほとんど見られなかった。

ツァーリズムは二十世紀に入って、自国の立ち遅れにますますいらだったのは当然であった。ドイツ帝国のはなばなしい世界政策は、バルカン、近東、中東ならびに極東においてロシアの伝統的地盤を浸蝕していった。ツァーリズムは到底自力をもってこれに対抗し得ないことを知って、いよいよフランス資本への依存を強化し、フランス資本主義の力を借りて、自己を近代帝国主義国に偽装しようと努めた。このようにしてツァーリ帝国はフランス帝国主義の半植民地に転落していくこととなったが、他面ピョートル大帝以来の原始的帝国主義政策は、トルコ、ペルシア、アフガニスタン、中国等、ロシアよりいっそう立ち遅れた弱国に対し遠慮なく強行された。いな、原始的帝国主義政策は、外国からロシアに投下された資本によって拍車をかけられた。たとえば、中国の帝国主義的支配のため設立された露清銀行はフランス資本に基づいており、極東政策の動脈であるシベリア鉄道はフランス資本に負うていた。

このようにしてロシア帝国主義は、外国特にフランスの帝国主義と、ロシア伝統の原始的帝国主義との奇妙な結合であった。ロシアは一方でフランス、ベルギー、イギリス等の近代的帝国主義によって半植民地化されつつ、他方においてトルコ、ペルシア、中国等を持ち前の原始帝国主義によって侵略したのである。ここにツァーリズムの対外政策がもつ奇怪な二重性格の根源があった。ロシアは右手で熱心に国際平和会議を提唱して、戦争の絶対的放棄を主張しながら、同時に左手では弱国に対する最も露骨な侵略戦争を挑んでいた。

ツァーリズムの極東政策には右のようなロシア帝国主義の矛盾が最も鮮明に浮彫にされている。ドイツの躍進によって勢力均衡からややもすれば落伍しかけることを極度に危惧したツァーリは、また国内における革命的勢力の台頭にもすこぶる焦慮した。ツァーリはこの内外の苦悶を対外的発展により解決しようとし、カイゼルとの了解のもとに、フランス高利貸資本の後援を得て、極東に対する原始的帝国主義の魔手を伸ばした。当時ロシア帝国には、大蔵大臣ウィッテのように、西ヨーロッパ資本への依存による平和的経済的対外発展に重点をおく自重派と、原始的帝国主義政策の強行に狂奔するベゾブラーゾフらの武断派とが正面衝突しており、ツァーリ、ニコラス二世は持ち前の優柔不断からこの両極間を動揺して、ロシアの極東政策をいよいよ危険なものとした。

日本が朝鮮半島の支配をめぐって清国と衝突し、一八九五年の講和条約で半島の実権を握り、遼東半島を領有することとなったことは、ロシアの原始的帝国主義にとって意外の障害であった。ツァーリズムははやくから不凍港、旅順・大連に着目していたからである。ここにおいてロシア政府はフランスおよびドイツの支持を得て、日本に干渉し、遼東半島を放棄させた。この三国干渉後わずか三年目にロシアがみずから遼東半島を手に入れたことは、日本国民の自尊心を極度に傷つけ、ロシア帝国に対する憎悪を植えつけた。

ロシアの武断派は日本が中国分割に際してのツァーリ帝国主義の当面の敵手であることを知り、シベリア鉄道の建設を急いだ。ウィッテ一派の自重論者は、日本との協定によって平和的に満州を掌握する途を選ぼうとしたが、武断派は一路対日戦へと猪突した。一九〇〇年の義和団事件は、ロシアを東清鉄道保護のため満州に出兵させた。朝鮮の支配権確保を決意した日本は、この情勢にかんがみ一九〇二年イギリスと同盟条約を締結するかたわら、鋭意軍備を拡充してロシアとの一戦を準備した。ロシアは清国と協約を結び、満州撤兵を約したが、ウィッテの罷免とベゾブラーゾフ派の実権奪取とは、撤兵の実行を無限にひきのばし、ツァーリズムの極東政策を一段と露骨にした。

一九〇四年二月八日日本は宣戦布告を行わずに、ロシアに対する軍事行動を開始した。ロシア帝国は日本との戦争準備を完了していなかったので、いささか虚をつかれた形であったが、弱小国日本に敗れるとは何ぴとも予想しなかった。いな、武断派は日本を撃破することによって、同時に国内の革命運動にも鉄槌を下すことができると確信した。このようにしてツァーリズムにとっては、対日戦争における勝利は同時に内政における勝利を意味したわけである。ウィッテなどわずかの先見の明をもった者も、この逆が真であること、すなわち敗戦が同時に革命を意味することは見通すことができなかった。

ところが開戦後の経過はまったく万人の予期に反し、ロシア軍は連戦連敗を喫した。宣戦布告前の奇襲という常套手段によって、日本海軍はたちまち極東水域の制海権を掌握した。陸戦においても、指揮官の無能と軍需品の欠乏とは、ロシア軍の戦闘力を著しく脆弱にした。これに反して日本軍は三国干渉に対する復讐心に燃え、有能な将軍の卓抜な統帥によってロシア軍を至るところで圧迫した。一九〇四年九月四日遼陽において、両軍の主力が会戦した結果、ロシア軍は敗退して奉天まで撤収を余儀なくされた。クロポトキン将軍は遼陽の堅陣によって緒戦の劣勢を一挙に挽回しようと豪語していただけに、遼陽敗戦がロシア帝国に与えた打撃は甚大であった。日本を打倒することによって、革命運動をも根こそぎにしようというツァーリズムの希望的観測は、今やみごとに裏切られ、日本に敗北することにより、革命に屈伏を強いられるのではないかという不吉な予感がきざしてきた。

遼陽敗戦の約一ヵ月前、武断派の領袖であり、ツァーリズムきっての反動主義者であった内務大臣プレーベが、白昼ナロードニキのテロリスト、サゾーノフの手によって暗殺されるという大事件が勃発した。プレーベはいっさいの革命運動、自由主義運動を鉄腕をもって情容赦なく弾圧してきたロシア専制主義の象徴であったから、プレーベの非業の死はツァーリズムの将来に暗影を投ずるとともに、革命家はもとより自由主義者にも前途に希望を抱かせた。

ツァーリズムは遼陽の敗北と旅順の包囲とにかんがみ、バルチック艦隊を極東に回航させて旅順を救援させ、天下分け目の決戦によって一挙に勝を制しようと企図するかたわら、前線における敗退に伴い、国内政局においても反対派に少しずつ譲歩して時を稼ごうとした。このようにしてプレーベの後任には、やや自由主義に理解をもつと考えられたミルスキー公が選ばれ、ミルスキー公は自由主義者の追放を解き、ゼムストボすなわち地方自治体大会の開催を許可した。ゼムストボ大会に指導的地位を占めた自由主義者は、ツァーリズムの後退に意気にわかに高揚し、一挙に憲法制定を要求しようとした。ミルスキー公はツァーリの専制政治を憲法によって修正することには反対であったから、大会の開催を極力延期することによって出鼻をくじこうとしたが、世論の圧力に抗しきれず、ついに十一月十九日開会の運びとなった。大会は憲法問題に関して分裂し、左翼多数派は議会に決議権を与え、ツァーリの専制を議会によって制限しようとし、右翼少数派は議会を単に諮問機関にしようと主張した。多数派は後のカデットすなわち立憲民主党であり、少数派は十月党である。

ツァーリは少数派の意見を採用し、諮問機関として国民代議体を設置しようとしたが、ポビエドノスツェフら反動主義者の反対を受けて心変わりし、十二月二十五日微温的な改革を示唆する詔勅を発して局面を糊塗しようとした。このようにしてゼムストボを拠点とする自由主義者たちまでが、ツァーリズムの頑固な反動性にかんがみ、若干急進的色彩をあらわしたことは注目された。

一方都市の労働者階級は、食料品の騰貴によって生活を脅威され、革命的傾向をにわかに強化した。十二月の詔勅と相前後して、バクーにボリシェヴィキの指導するストライキが勃発し、みごとな闘争によって成功を収めた。ロシアにおいて最初の団体交渉権が闘い取られた意味においても、このストライキは重要である。バクーにおける労働者階級の勝利は、やがて全ロシアに拡大されて、第一次ロシア革命にまで進展したことを思えば、このストライキは一九〇五年の第一次革命の開始信号であったといえる。[*4]

2　第一次革命

遼陽会戦後、日本軍は旅順の包囲に全力を集中した。旅順要塞守備隊は頑強に抵抗したが、十二月五日日本軍が二〇三高地を奪取してから、旅順の運命はほぼ決した。一九〇五年一月一日要塞司令官ステッセル将軍は日本軍に降伏した。旅順降伏の報道は戦争にあき、生活苦に打ちひしがれたロシアの民衆を一段と悲観させたことはもちろんである。旅順の陥落はツァーリズム没落の第一歩であったといわなければならない。

旅順陥落の二週間後にペテルブルク最大のプティロフ工場にストライキが勃発した。ストライキの発端は四名の労働者の解雇であったが、ペテルブルク民衆の不満を反映してやがて多数の工場に蔓延していった。この情勢にかんがみ、秘密警察のスパイとして先に工場労働者協会を結成していた僧侶ガポンは、冬宮へのデモンストレーションを計画した。ガポンの狙いは、ペテルブルクの餓えた民衆の名において、ツァーリに直接人民の窮状を訴え、ツァーリがこれを採り上げることによって、ロシア民衆のツァーリに対する素朴な期待を満足させ、それによってツァーリズムを累卵の危機から救うことにあった。革命的気運の高揚はスパイと労働運動指導者との二重人格者たるガポンの立場をきわめて困難にしたので、彼は自衛のためからも、示威運動を指導する必要を感じたわけである。

ツァーリに対する歎願書は、民衆大会で起草された。ガポンの意図は穏和な、曖昧な事項を羅列することにあったが、大会にはボリシェヴィキも潜入しており、言論、出版、結社の自由の確立、憲法制定会議の召集、八時間労働制の採用その他相当急進的な要求が盛り込まれた[*5]。

一九〇五年一月二十二日の日曜日早朝、十七万人の民衆――その中には労働者のみならず、その家族の老幼婦女が多数含まれていた――が、聖像とツァーリの像とを捧げ、国歌「神よツァーリを護り給え」を合唱しつつ、しずかに冬宮へと進んだ。この行進は、ガポンの意図においては本来示威運動ではなく、またこれに参加した民衆の気持ちも、ロシア帝国において唯一人信頼できる民衆の味方としての慈父ツァーリの寛大な仁愛にすがろうという以外に他意はなかった。ツァーリズムによって中世的無智蒙昧の状態に取り残されていたロシアの民衆には、まさにその文化的低位のゆえに、ロシア帝国を世界に類例のない家族国家と考え、ツァーリの仁愛に絶対的信頼を寄せる気運が根強かった。彼らはツァーリズムの悪政はすべて悪しき側近によるものであり、ツァーリと人民との間の障壁を除けば、ロシアは理想国家となって更生できると妄信していた。ガポンらの警察社会主義者のねらいは実に、民衆の抱くツァーリへの根拠のない期待を利用してツァーリズムを温存することにあった。ところが、ツァーリズムの善良な臣民に対する返答はすこぶる冷酷であった。ツァーリがみずから現れて人民の請願を聴許するであろうというはかない期待は、ツァーリズムの軍隊の砲火によって無慈悲に打ち破られた。一千人以上の民衆が射殺され、傷ついた者は二千をこえた。寒風吹きすさぶペテルブルクの街は、あわれなロシア民衆の血で彩られた。ロシアの立ち遅れた民衆が、ツァーリに対して抱いていた親愛と畏敬との感情は、今や一瞬にして深刻な憎悪と憤怒とに転化した。ツァーリの仁慈に対する民衆の信頼を根底からくつがえした意味において、ペテルブルクの血の日曜日は革命的な意味をもっていた。

ツァーリズムは血の日曜日事件後、内務大臣ミルスキー公を罷免して、ブルイギンをこれに代え、反動派として悪名高いトレポフ将軍をペテルブルク総督に任ずるなど、革命運動に対する弾圧方針を一段と強化した。しかし、うちつづく敗戦とこれに伴う民衆の深刻な不満とにかんがみ、自由主義者は弾圧のみをもってはこの難局を切りぬけることはできないことを洞察し、憲法を制定してツァーリの専制を緩和することを要求した。また、日本を打倒して極東市場を確保することに絶望したブルジョアジーは、一刻も早く戦争を終結して、革命運動の強化を防止しようと焦躁した。

おりからナロードニキの手によって、反動派の巨頭モスクワ総督セルゲイ大公が暗殺されたので、さすがのツァーリ政府も、国民の代表者を法律案の審議に参加させる法令を制定した。ところがその一週間前の三月一日に奉天で日本軍とロシア軍との間に天下分け目の決戦が開始され、十日間にわたる激烈な戦闘の後、クロポトキン軍は大損害をこうむって退却を余儀なくされた。奉天の敗北がツァーリズムにとっては遼陽、旅順以上の痛打であったことはいうまでもない。ところが愚昧なツァーリ軍閥は、二ヵ月後に日本海に到着する予定のバルチック艦隊にひとにぎりの望みを託していた。

ロジェストヴェンスキー提督のバルチック艦隊は不幸な艦隊であった。万里の波濤をこえて大艦隊を極東に派遣すること自体が戦略的に愚劣な冒険であるばかりでなく、旅順の救援という根本目的は、一月一日の降伏によってすでに失われ、バルチック艦隊と合流して闘うロシア海軍は極東水域にはなかった。それなのに支離滅裂なツァーリズムの戦争指導は、バルチック艦隊をクロンシュタット軍港へ召還する勇断を欠き、東郷提督の完璧な制海権下の死地へと急がせた。五月二十七日から二十八日にかけて対馬沖でロシア艦隊は文字通り全滅した。わずかに二、三隻の軽艦艇が中立港へ退却できただけであった。対馬はロシア帝国から戦勝の最後の希望を奪った。ツァーリは旅順から奉天を経て対馬に至る五ヵ月間に、国内に一段と激化された革命的傾向にかんがみ、ルーズベルト大統領の講和斡旋を受諾した。

自由主義ブルジョアジーはツァーリズム陸海軍の相次ぐ惨敗に自信を強め、五月職業別の団体の連合会を組織し、ミリューコフ教授を会長に推して憲法の制定を公然と要求し始めた。貴族階級中リボフ公、トルベツコイ公等自由主義的傾向分子は、ゼムストボ代表とともにツァーリに謁見し、憲法制定会議を召集し、国民の代表を国政に参与させなければ、革命が勃発するであろうと警告した。ツァーリはこれに対し一応賛意を表したが、ツァーリズムの専制主義に対する信仰は不抜であったから、たちまち逆転して立憲政治に対する反対を表明し、自由主義者を失望させた。

自由主義ブルジョアジーがツァーリズムに憲法制定を要求して足踏みしている間に社会民主労働党の影響下にある労働者階級は政治的ストライキをもってツァーリズムを脅威し始めた。五月一日のメーデー示威運動は各地において、労働者と警察ならびに軍隊との間に衝突をひきおこした。ワルシャワでは、警察と軍隊とが出動して発砲した結果、数百人の労働者が死傷した。ワルシャワの労働者はツァーリの軍隊の暴行に対してストライキをもって抗議した。ワルシャワのほか、オデッサ、リガ、ロッジ、バクー等各地に同様の事件が起こったが、なかんずく悽愴をきわめたのは、ロッジであって、労働者はゼネストを断行しながら市街にバリケードを築き七月はじめ三日間にわたり、ツァーリの軍隊と市街戦を敢行した。結局敗れたとはいえロッジの例は、ゼネストと武装蜂起との結合という最も尖鋭な階級闘争の新形態を示した意味で注目に値する。

他方イバノボ・ボズネセンスクでは、五月末から八月初めにかけて実に二ヵ月半におよぶ長期のストライキが決行された。ストライキはボリシェヴィキによって指導され、約七万の労働者が参加した。政府はストライキの弾圧のため軍隊の出動を命じ、戒厳令を布いて労働者を威嚇したが、労働者階級は不屈の闘志をもってこれに抗戦した。飢餓と鉄火との脅威に七十余日間耐えぬいたイバノボ・ボズネセンスクのプロレタリアートは革命の英雄となった。この長期ストライキを指導するために労働者階級の立法行政機関たるソヴィエトの萌芽が現れたことは重要な意義をもっていた[*6]。

都市における労働者の革命運動は農民をも動かした。三月頃からロシアの各地では農民が一揆を起こし、大地主の邸宅や倉庫に放火したり、製粉工場や醸造場を破壊したりした。しかしながら農民の散発的一揆が全般的な革命運動に結集され、都市の労働者階級のストライキや武装蜂起と連結するような傾向は未だ具現しなかったが、従来ナロードニキの独擅場であった農民運動へ、社会民主労働党が食い込み始めたことは注目された。というのは、メンシェヴィキはその農業問題に対する無関心と、農民の軽視とのため、農村に浸透することができなかったが、ボリシェヴィキは農民がロシア革命において演ずべき役割をきわめて重視したので、農民に強力な影響を与えることができたわけである。

労働者と農民との革命運動は、ツァーリズムの基盤を揺るがしたが、黒海艦隊の戦艦ポチョムキンに勃発した反乱はツァーリズムののどもとにあいくちをつきつけた観があった。対日戦争における打ち続く惨敗の結果、ロシアの陸海軍は軍紀がにわかに弛緩したとはいえ、ツァーリは依然陸海軍を自分の両腕と考えていた。ツァーリズムのように国民の九五%を敵としている体制のもとにおいては、軍隊のみが秩序の維持者であり、権力の擁護者であった。都市のストライキと農村の一揆とをともかくも弾圧できたのは、一に軍隊の忠誠に負うていた。

ところが六月二十七日戦艦ポチョムキンにおいて、水兵が上官に対する服従を拒絶し、艦をのっとるに至るや、ツァーリズムの安全は根底から脅かされた。ポチョムキン号の反乱は、水兵と士官との些細な紛争から発端したが、オデッサの工場ストライキと呼応することにより、明確な革命的性格を帯びることとなった。反乱を鎮定するために差し向けられた軍艦においても、水兵は同志に対する発砲を拒絶したので、どうすることもできなかった。しかし黒海艦隊の他の艦艇は一隻もポチョムキンの反乱に加担せず、ポチョムキンの水兵も燃料や食糧の欠乏のためしだいに闘志を失って、七月八日コンスタンツァ軍港に入り、ルーマニア官憲に抑留された。

ツァーリズムは労働者、農民および軍隊における危険な兆候にかんがみ、一方アメリカの調停によって日本との講和交渉を行うかたわら、他方ブルイギンに命じて議会の創設について準備させた。日本との講和条約は、ウィッテの辣腕によって敗戦国としてきわめて有利な条件で九月五日に締結させることができたが、講和の成立二週間前に発布された「ブルイギン議会」の勅令は民衆を激昂させ、ブルジョアジーを失望させた。ブルイギン議会は一九〇四年十一月のゼムストボ大会において少数派が主張したような単なる諮問機関にすぎず、決議権をもたなかったから、ツァーリの専制政治には本質的に何らの変化もなかった。さらにこの諮問議会は極端な制限選挙権に基づいており、労働者および農民は完全に閉め出しを食っていた。人口百五十万のペテルブルクにおいて有権者が一万人に満たなかったことを見ても、ブルイギン議会の非民主性がいかにはなはだしいかを知ることができよう。

十月二日モスクワの印刷工がストライキを開始したことは、革命の新たな高揚を示す前兆であった。ストライキの波はペテルブルクに伝播し、モスクワならびにペテルブルクを通ずる大規模な政治的ストライキに発展した。やがて十月十九日モスクワ・カザン間の鉄道従業員がストライキに入ったところ、ストライキはたちまち全国の鉄道に波及し、郵便、電信、電話の従業員もこれに参加するに至ったので、ロシア帝国の交通通信網は俄然まったく停止し、ツァーリズムは半身不随となった。医師、弁護士等の知識階級もストライキに加担した結果、ロシア帝国の都会はほぼ完全にストライキの怒濤に埋没してしまった。*7
百万の工場労働者のストライキと、さらに巨人帝国の動脈である鉄道、郵便、電信、電話の機能停止に狼狽したニコラス二世は、ウィッテ伯を起用して難局に当たらせた。ウィッテは十月三十日、言論、集会および結社の自由を保証し、議会を決議機関とした上で、選挙権を大幅に拡張するという旨のツァーリの宣言を発表した。この十月宣言は革命的労働者階級を満足させることができなかったことはもちろんであったが、自由主義ブルジョアジーを革命から完全に離反させるのには大いに寄与した。自由主義ブルジョアジーが革命から離反したことは、農民がゼネストに無関心であったこと、日本との講和が成功したことと相まって、十月の革命運動を結局失敗に終わらせた根本的原因となった。

十月二十六日にペテルブルクの全工場で労働者五百人に一人の割合で工場労働者代表の選挙が行われ、同夜労働者代表会議、すなわちソヴィエトが開かれた。ソヴィエトはモスクワにも組織され、たちまち全ロシアに広まった。ストライキの指導を当面の課題としたソヴィエトは、やがて労働者階級の武装蜂起を準備し、遂行すべき任務を与えられ、十二年後にはブルジョア議会制に代わって、プロレタリア階級の政権を基礎づけるべき重要な課題を負うこととなる。しかし一九〇五年のソヴィエトは未だそのように明確な政治的意義を与えられておらず、ツァーリズムに対する闘争の一手段にすぎなかった。ソヴィエトの萌芽はすでに六月、イバノボ・ボズネセンスクの長期ストライキに現れたが、これが広範囲に組織されたのは十月のペテルブルク・ソヴィエトが最初である。ソヴィエトの設置はメンシェヴィキの発案に基づき、ボリシェヴィキ、メンシェヴィキおよび社会革命党（ナロードニキ）の三派に分裂した革命運動の戦線統一を当面の課題とした無党無派の中立機関であった。ペテルブルクのソヴィエトはメンシェヴィキの指導下に立ち、無所属のフルスターリエフが議長となった。モスクワのそれはボリシェヴィキが実権を掌握し、十一月以後革命運動の中核となった。

十月の革命的高揚は、軍隊にも波及し、チフリス、ウラジオストック、タシュケント、サマルカンド、クールスク、ワルシャワ、キエフ、リガ等に小規模な動揺が起こった。クロンシュタット軍港と黒海艦隊における水兵の反乱はやや重大化したが、農民が都市のストライキに冷淡であったことと、ブルジョアジーが反革命の陣営に転じたこととは、軍隊の大部分をツァーリズムに忠誠なものとしてひきとどめたので、二つの反乱は比較的容易に鎮定された。反乱の弾圧はツァーリズムの自信を回復させ、全ロシアにユダヤ人に対する組織的暴行が開始される機縁となった。

反革命の波がようやく高まるのを見たペテルブルクのソヴィエトは十一月十五日、第二回の政治的ゼネストを指令したが、もろくもツァーリズムの弾圧に屈した。十二月九日政府はソヴィエト議長フルスターリエフ・ノスヤールを検挙し、十二月十六日には後任議長トロツキー以下ソヴィエトに対し大規模な逮捕が行われた。

一方モスクワでは、ボリシェヴィキの指導下に立つソヴィエトが、十二月十八日政治的ゼネストから武装蜂起に転移することを決議して、その準備に着手した。約二千の武装プロレタリアートがロストフ連隊と呼応して反乱を起こすはずであった。二十日にはいよいよストライキが開始されたが、どうしたものか、全国に拡大するに至らず、鉄道は完全に政府の手中にあったから、ツァーリズムはペテルブルクの近衛連隊をモスクワに送ってロストフ連隊の反乱を鎮定するとともに、ボリシェヴィキのモスクワ地区細胞を根こそぎ検挙して革命運動の出鼻をくじいた。武装労働者は市内にバリケードを築き、孤立無援で、数倍の政府軍に対して英雄的に抗戦したが、首脳部を検挙で奪われたため、バリケード間の連絡不十分で十日後には早くも壊滅してしまった。モスクワ・プロレタリアートの武装蜂起は、一九〇五年の第一次ロシア革命の掉尾を飾る事件であったが、これの弾圧に成功した後、ツァーリズムは完全に自信を回復し、反動の強化に伴い、革命は急速に退潮に転じた。[*8]

3　第一次革命（続）

一九〇五年のロシア第一次革命は一月二十二日ペテルブルクにおける血の日曜日に始まり、十二月三十日モスクワ武装蜂起の鎮圧で終わった。革命は都市における労働者階級のストライキ、農村における農民一揆、ならびに軍隊内の反乱を主要な内容とし、これら抑圧された大衆の革命運動を背景とする自由主義ブルジョアジーの憲法制定、議会創設を求める改革運動が並行した。

革命は対日戦争における敗戦を契機として進展し、ツァーリズムを根底から動揺させたが、ツァーリズムは、日本との講和を締結するかたわら、十月勅令によって自由主義ブルジョアジーを革命運動から完全に切り離すことに成功し、農民ならびに大部分農民出身の兵士がツァーリズムに対して抱いていた蒙昧な信仰を利用して、革命の中核体であるもっとも急進的なプロレタリア階級を孤立させ、その武装蜂起を抑圧することができた。ツァーリズムはよろめいたが、よく立ち直って、もちこたえたのである。

およそ革命が成功するためには少なくとも次の四つの条件が満足されることが必要であり、そしてこの四条件が成熟するときは、革命は十分成功できる。

まず第一に一国の社会的経済的情勢がゆきづまり、政治体制が腐敗堕落して、現状維持は到底不可能であることが支配階級にとっても明らかに意識されるに至ること。[*9]その結果支配階級内に分裂が起こり、あくまで現状を維持しようとする守旧派と、革命を回避するためには若干の譲歩もやむを得ずとする改革派とが対立する。フランス大革命における、オルレアン公、ラファイエット、ミラボーらの動きや、貴族、僧侶中第三身分に合流した一派は、フランスのアンシャン・レジームの行きづまりと、その支配階級間の分裂を雄弁に物語る。

第二には被支配階級中の特定階級すなわち革命階級が現状維持打破を決意し、革命の戦略と戦術とを具体化すること。このためには、革命を指導すべき中核体、すなわち革命政党が結成されなければならない。フランス革命では、第三身分の中からシェイエースやムニェーらのブルジョア民主主義の理論が生まれ、国民公会、パリ市会ならびにパリのクラブにおいてジロンド党やジャコバン党のような革命政党が形成された。

第三に支配階級と革命階級との中間に存在する広汎な被支配階級の大衆が、現状に不満をもち、少なくとも革命に対して好意的中立を保つことが必要である。[*10] フランス革命では、都市の細民と農民とが、革命に対しては好意的中立を保ったのみならず、ある場合には革命の先頭に立ち、ブルジョアジーの弱気を克服し、妥協を排撃した。

第四には近代軍備の発達にかんがみ、軍隊が革命側に投ずるか、少なくとも革命の弾圧に反抗することが不可欠である。十九世紀後半における砲兵の発達は、フランス革命におけるような小銃で武装した民兵を軍事的にまったく無価値にした。二十世紀に入ってからの航空機ならびに戦車の登場は度外視して、身を一九〇五年において考えても、小銃で武装した百万の労働者兵は火砲を有する一個師団の正規軍の敵ではないことは明らかである。このようにして軍の向背が、革命の死命を制するに至ったことは、二十世紀の革命の十八世紀や十九世紀のそれに対してもつ特質である。

以上四つの条件のほかに、国際情勢も考慮しなければならないが、しばらくこの点は措くとしよう。いま一九〇五年のロシア革命について右の四条件の成否を検討する。第一の条件が満足されていたことは、ロシア支配階級内における自重派と武断派との分裂、トルベツコイ公、リボフ公らの活動、ゼムストボ大会の分裂等を見ても明らかに看取される。

ところが第二の条件となると、否定的に答えなければならない。なるほど一九一七年の十月革命を遂行したボリシェヴィキはすでに存在したが、その実力は未だすこぶる微弱で、社会民主労働党内においても一九〇四年以来少数派となっていた。レーニンは国外にあって活動していたが、革命を指導することはもとより、これに参加することすらむずかしかった。血の日曜日から、十二月蜂起に至るまで、レーニンはほとんど何らの役割も演じていない。血の日曜日はスパイと革命家との二重人格者の怪僧ガポンによって指導され、十二月蜂起に際しては、レーニンとそのボリシェヴィキ党幹部はフィンランドで会議中であった。一九〇五年の革命は、レーニン主義、ボリシェヴィズムの革命理論に反して、すなわち職業的革命家の党の指導によってではなくして、大衆の自発的創意に基づいて勃発したのである。

革命が失敗に終わった最大の要因は実に革命陣の分裂、すなわちマルクス主義の社会民主労働党とナロードニキの社会革命党との対立に加えて、前者のボリシェヴィキとメンシェヴィキとへの分離にあった。この三つの革命政党が、相互の敵意と嫉視と中傷とによって革命運動を阻害し、脆弱にした。十月中旬にゼネストの指導のため工場代表者会議すなわちソヴィエトが組織されたのは、実にこの欠陥を多少とも是正し、政治的ストライキの統一的な指導を可能にするためであった。ソヴィエトの設置が、メンシェヴィキの発議によったことは注目すべきである。[*11] メンシェヴィキは労働者階級の職業的利益を代表する意識が強かったから、ストライキの指導を工場労働者の代表会議に託するという着想は、メンシェヴィキ的であったといえる。当時のソヴィエトは労働者階級の戦線分裂を是正すべき、不偏不党の中立機関であるところにその存在理由をもっていた。無所属のフルスターリエフが議長となったことはその象徴である。

次に第三の条件について見ると、血の日曜日事件は、ロシア民衆のツァーリに対する信仰をくつがえす大きな原動力となったとはいえ、ツァーリズムによって蒙昧化されたロシアの農民は依然としてロシアを選ばれた神の国と考え、ツァーリを慈悲深い人民の父と妄信していた。この農民のツァーリズムに対する迷妄と錯覚とが打破され、農民が敵視する大地主貴族とツァーリとが一心同体であること、ツァーリズムを打倒しない限り農民には土地が与えられないことを骨身に徹して認識するまでは、ロシア革命は各個撃破されることは必定であった。

第四の条件、すなわち軍の動向は、第三の条件の成否に依存する。ロシアの軍隊は農民出身の兵士によって構成されていたから、農民が、ツァーリへのはかない期待を捨てない限り、軍の反乱は偶発的なものにとどまり、革命を成功に導くことはできなかった。

このようにして革命成功の四条件中、第一の条件を除いては、すべて未だ未成熟であった。ここに一九〇五年のロシア革命が、個別的な成果と散発的な英雄主義とにもかかわらず、結局ツァーリズムの軍門に降らざるを得なかった理由がある。しかし結果において失敗に終わったとはいえ、一九〇五年の第一次革命は、きたるべき本格的革命の準備として見るとき絶大な意義がある。この革命を通じて第二の条件以下の諸条件がしだいに成熟して、十月革命へと導くことを思えば、第一次革命の本質を分析し、革命陣営の主要な理論家がこの革命をどのように把握し、この革命から何を体得したかを研究することは最も重要である。

第一次ロシア革命は、その内容においてブルジョア革命であり、その方法においてプロレタリア革命であるというレーニンの定義[*12]は、まさに的に当たっている。第一次ロシア革命において革命運動の目標とされたのは民主共和国の設置、大土地所有の没収、八時間労働制の実施であって、完全にブルジョア革命の範囲にとどまっていた。革命の尖兵であったペテルブルクのソヴィエトが闘争の目標として掲げたものも、最も急進的なモスクワの武装プロレタリアートが企図したものもまさしくブルジョア民主主義革命の範囲を出なかった。後進国ロシアにおいては社会主義革命は当面の課題ではあり得ないという点については、ボリシェヴィキもメンシェヴィキも完全に一致していた。ただこのブルジョア民主主義革命をどのように遂行するかという方法論においては、ボリシェヴィキとメンシェヴィキとは全く異なった態度を示し、正反対の戦略戦術をとった。そこには、ボリシェヴィキとメンシェヴィキとの対立の真相が浮彫にされている点で興味が深い。

一九〇五年四月ボリシェヴィキはロンドンにロシア社会民主労働党第三回大会を召集した。大会は進展する革命に対する党の方策を審議決定することを当面の目標とした。メンシェヴィキは大会への参加を拒絶し、別にジュネーブで協議会を開催して革命対策をねった。革命がロシア社会民主労働党に主体的実践を要請するという事態に至って、党内の二分派はますますはっきりと分離せざるを得なかったわけである。

ボリシェヴィキがロンドン大会において決議した革命に対する党の政策は、次のようなものであった。[*13]

1革命はブルジョア民主主義革命であるが、プロレタリア階級が主体となって、この革命を完遂すべきである。

2プロレタリア階級が革命を遂行するに際して、その伴侶となることができるものは農民のみである。なぜならば農民の渇望する土地は、革命の完遂によってのみ獲得できるからである。

3ブルジョアジーは民主主義革命をみずから遂行する実力がないばかりか、その徹底的完遂を喜ばず、ツァーリズムと妥協し、立憲王政の形態でアジア的専制主義を温存しようとしている。

4プロレタリア階級は、農民と同盟して革命を指導し、革命が成功したとき、農民、小市民との連立政権に参加し、ブルジョア民主主義革命の成果を確保する。

これに対して、メンシェヴィキがジュネーブ大会で採用した政策は次のように要約できる。[*14]

1革命はブルジョア民主主義革命であるから、ブルジョア階級が主体となって遂行すべきもので、プロレタリア階級は単に協力すれば足りる。

2農民は封建的色彩が強く、反革命的である。したがって革命の主体となることができないのはもちろん、その同伴者となることもできない。

3プロレタリア階級はいたずらに急進的な目標を掲げたり、過激な手段を用いたりして、ブルジョアジーを威嚇してはならない。そのようにすればブルジョアジーはいたずらに反動化するだけで、革命にとって有害無益である。

4プロレタリア階級は、革命成功後成立すべき新政権に参加してはならない。なぜなら、革命がブルジョア民主主義革命である以上、新政権は資本主義制度の上に立つものであり、これに参加するときは、プロレタリア階級は資本主義の害悪に対して責任を分担することとなって、プロレタリア階級に不利である。もしまたプロレタリア階級が新政権に参加した上で、社会主義政策の実現を要求すれば、革命政権は分裂して、反動に有利となる。したがってプロレタリア階級は当然自己の社会主義的政策を堅持しつつ新政権の外にあって、これを援助するだけにとどめるべきである。

このようにして、ボリシェヴィキとメンシェヴィキとはロシア革命がブルジョア民主主義革命であるという共通の前提から出発して、まったく相反する対極的な政策を結論としてひき出した。革命遂行の主体であるべきか、単なる協力者にとどまるべきか、ブルジョアジーに対してどのように対処すべきか、農民をどうすべきか、そして最後に革命政権に参加すべきかの四点において、ボリシェヴィキとメンシェヴィキとの政策はそれぞれが正反対である。このような結果をもたらした原因はどこにあるか？　それは一言で要約すれば、ボリシェヴィキは民主主義革命を主体的に、徹底的に遂行しようとするのに対して、メンシェヴィキは労働者階級の社会主義についての非妥協的信念を首尾一貫して護持することに専念する。メンシェヴィキの態度は十九世紀末のドイツ社会民主党の政策を目のあたりに思いうかばせるものがあるのに対して、ボリシェヴィキのそれはまさに一八四〇年代のマルクス・エンゲルスのそれである。

レーニンは党大会後三月を経て一九〇五年七月『民主主義革命における社会民主党の二戦術』を書いて、メンシェヴィキの政策を批判しつつ、ボリシェヴィキの政策を理論的に基礎づけた。今レーニンによって、ボリシェヴィキとメンシェヴィキとの政策を批判的に検討しよう。こうすることによって、第一次革命の本質をもっともよく把握することができよう。

レーニンによれば、ロシア革命の課題はブルジョア民主主義の実現であるが、この課題を遂行するためには、ツァーリズムを打倒することが不可欠の条件である。ところがロシアのブルジョアジーはその早熟的反動性のために、ツァーリズムを打倒する気魄をもたないばかりか、ツァーリズムと妥協して、立憲君主制の形態で、ツァーリズムを温存し、これに基づいてプロレタリアートの攻勢を食い止めようとしている。したがってロシア革命は、ブルジョア民主主義革命を徹底的に完遂して民主共和国を実現するか、または中途でツァーリズムと妥協して立憲君主国にとどまるかの岐路に立っている。[*15]

ところがプロレタリア階級の解放は、立憲君主国においてはすこぶる困難で、民主共和国が最も有利である。ゆえにプロレタリア階級は、ブルジョア階級がツァーリズムと妥協することを排撃し、みずからが主体となってブルジョア民主主義革命の完遂に努めなければならない。[*16] ところがプロレタリア階級は後進国ロシアにおいては国民のごくわずかな部分を占めるにすぎないから、単独で革命の遂行を担当することはできない。この場合プロレタリア階級はぜひとも同盟者を必要とするが、一九〇五年のロシアにおいて、プロレタリア階級の同盟者であり得るものは、国民の圧倒的多数を占める農民以外にはない。農民は土地を渇望することによってツァーリズムに対して革命的であり、ブルジョア民主主義革命の遂行に関心をもっている。ツァーリズムと大地主とが一体であることを農民に認識させて、ツァーリズムを打倒しなければ、大地主の土地を獲得することが不可能であることを確信させることができれば、農民は、プロレタリア階級の強力な同盟者となることができる。[*17] レーニンのブルジョア革命において農民が演ずべき役割に関する見解は、フランス大革命においてフランスの農民運動が占めた重要性にてらしてみれば、卓見であることがわかる。

プロレタリアートは農民と同盟して、ブルジョア民主主義革命を完遂しようとする場合、どのような戦術を採るべきか？ プロレタリア大衆を獲得するために、八時間労働制の実施[18]を、農民大衆を獲得するために、大土地所有の没収をスローガンとし、これの実行のために労働者階級の政治的ゼネストと武装蜂起、農民の一揆を断行する。ゼネストと武装蜂起[19]とは、純プロレタリア的闘争方法であり、農民一揆は中世以来封建領主に対する農奴特有の反抗様式であった。レーニンはゼネストと武装蜂起の指導のために都市に革命ストライキ委員会を、農民一揆の統率のために革命農民委員会を設置することを考えたが、この二つの委員会はのちに労働者ソヴィエトと農民ソヴィエトとに発達していくことになる。しかし一九〇五年当時のレーニンは、ソヴィエトをツァーリズム打倒の闘争手段として理解しただけで、これにブルジョア議会に代わるべき役割を認めなかった。いわばソヴィエトは、ブルジョア議会実現のための手段であったわけである。

革命成功後、ツァーリズムの復活を防止し、民主主義革命の成果を確保するため、革命政権が樹立されなければならないが、この新政権は当然独裁政権である。なぜならば革命はある社会の階級関係の激変であり、新しい階級関係が安定するまでは、たえず反革命の脅威にさらされている。この反革命の陰謀を弾圧し、革命を擁護するためには、独裁が必要である。いな情容赦のない独裁だけが、無慈悲な弾圧の鉄槌だけが、反革命の危険を未然に防止することができる。[21]

それではロシア革命が成功し、ツァーリズムが打倒された後、どのような政権の独裁が行われるべきか？　レーニンによれば、それは労働者と農民との民主主義的独裁でなければならない[*22]。このようにして労働者階級は革命政権に積極的に参加すべきこととなる。この独裁がプロレタリアートの独裁であり得ない理由は、この革命がプロレタリアートによる社会主義革命ではなく、プロレタリアートと農民との提携による民主主義革命である点にある。

これに対してメンシェヴィキはプロレタリア階級がブルジョア民主主義を実現すべき政権に参加するときは、プロレタリアートの社会主義を放棄するか、または政権の分裂を招くか、いずれかの結果を招くから、他日の社会主義実現を期して政権の外に立つべきであると主張する。メンシェヴィキによれば、革命政権への参加は、主義の放棄であり、妥協であるというのである。

メンシェヴィキの主張は、ロシア革命を主体的に実践することを考えないで、もっぱら社会主義的信念への節操に専念していることに基づいている。メンシェヴィキにとってはロシア革命よりは「社会主義」という抽象的概念の方が重大である。メンシェヴィキにおける主体性の欠如は、この点にもっとも端的に曝露されている。

ここに注目すべきことは、メンシェヴィキが自己の立場を、当時第二インターナショナルをにぎわしていたミルラン主義の否認によって正当化しようとしたことである。ミルラン主義またはジョレス主義とは、フランスにおいて共和国を反動から擁護するために社会民主主義者がブルジョア内閣へ参加した事をいい、第二インターナショナルは、これをブルジョアジーへの屈伏ないし妥協として痛烈に弾劾し排撃していた。レーニンはメンシェヴィキが、ミルラン主義への反対をもって自己の立場を弁護しようとするのに対して、ミルランやジョレスが参加したのはブルジョア反動内閣であり、ボリシェヴィキが参加しようとするのは民主主義革命政権であるとして、その実質的相違を強調し反駁している。しかし第二インターナショナルは、革命を主体的に実践しようとする気魄を欠いた点で共通の特色をもっており、その意味でメンシェヴィキが第二インターナショナルを引っ張り出したことは決して偶然ではない。レーニンとそのボリシェヴィキは一九〇五年当時において、革命を真剣に企図し、革命を主体的に把握できた唯一の政党であった。そこにレーニンの孤高な独創的天才がひらめいている。

民主的独裁が成立した後において、レーニンはどのような方法によって社会主義を実現しようとしたか？　レーニンによれば、ブルジョア民主主義革命は、社会主義革命への第一歩であり、民主共和国は社会主義実現のための最適の地盤を提供する。プロレタリア階級はブルジョア民主主義革命を主体的に遂行することによって、きたるべき社会主義革命への主体的条件を準備する。*23

それではいつプロレタリア階級は民主主義的独裁から、プロレタリアートの独裁へ、民主主義革命から社会主義革命へと進むべきか？　この点に関するレーニンの見解はやや曖昧である。というのは、後進国ロシアにおいて、社会主義実現への条件が熟していないこと、また、早急には実現しないであろうということは明らかであるから、レーニンもこの点を明確にすることができなかったのであろう。ただレーニンは革命を主体的動的に把握していたから、民主主義的独裁が実現した場合、プロレタリアートの前衛としてのボリシェヴィキがその透徹した理論と組織力とをもって容易に実権を把握できるから、客観情勢さえ成熟すれば、いつでも社会主義革命へとまっしぐらに進めると考えたのである。

しかし、レーニンの民主主義的独裁の理論と、それの社会主義への転移に関する考え方には多大の疑問が残されている。まず第一に民主主義的独裁という概念が果たして実現され得るものかいなかすこぶる問題である。なぜならば、プロレタリア階級が主力となって革命を遂行したうえで、この革命は資本主義の範囲にとどまるべきだとして、生産手段に関する私有財産制を認め、企業家の利潤追求すなわち搾取の自由を放置することは、果たして実際に可能であろうか？　もしプロレタリア階級の政権が真に資本主義の存続を承認するとすれば、プロレタリア大衆はこれから離反するであろうし、もしプロレタリア大衆を満足させるように、資本主義を制限しようとすれば、企業家は工場を閉鎖し、反革命運動を煽動するであろう。このようにしてプロレタリアートが革命のイニシアチブをとることと、資本主義の是認とは両立しないことが明らかであり、メンシェヴィキの主張には正しいものが含まれている。

この点について注目すべき見解をとったのが、後に述べるトロツキーである。トロツキーは、レーニンの民主主義的独裁の思想は、現実から遊離した空疎な抽象にすぎず、革命後現実に可能なものは、プロレタリアートの独裁による社会主義の実現か、または反革命の成功によるツァーリズムの復帰であるとする。トロツキーも後進国ロシアが社会主義成立への条件を欠いていることは十分承認するから、この場合トロツキーが見出す活路は、ロシア革命を西ヨーロッパ先進工業国における社会主義革命に結び付けることである。このようにして、ロシアのプロレタリアートによるツァーリズムの打倒は、西ヨーロッパにおけるプロレタリア革命を誘発し、ロシアのプロレタリアートは、西ヨーロッパのプロレタリアートと提携して、全ヨーロッパ的ないし世界的規模において社会主義を建設すべきであると説く。これがトロツキーの永久革命論の骨子である。*24

トロツキズムの特徴は社会主義革命を世界的に把握し、ロシア革命をその一環として見る点にあり、レーニン主義がロシア革命から出発して世界革命を考えるのと逆に、世界革命から出発してロシア革命をとらえる。またトロツキーは二十世紀においてはプロレタリアートのみが革命的であることができるとの信念から、ロシア革命における農民の役割を否定する点も忘れてはならない。またプロレタリアートの自発性自主性を重視し、党の独裁を排撃することもトロツキズムの特徴であり、彼が一九〇三年の第二回党大会で、ボリシェヴィキに加担しなかった理由である。彼はローザらとともに、西欧共産主義に属するものというべきである。

農民を軽視する点において、トロツキズムはツァーリズムの打倒、すなわちロシア革命の第一段階の実現について、レーニン主義にくらべて抽象的であるといわなければならない。しかしツァーリズム打倒後の革命の進展、すなわち革命の第二段階については、変転する階級関係の鋭い把握に関してレーニン主義はトロツキー主義に劣る。他面ロシア革命が世界革命に発展しない場合、トロツキズムは非常な困難に出会うこととなるが、レーニン主義は世界革命と離れてもロシア革命を救い得る点に大きな強みをもっている。しかしレーニン主義もトロツキー主義も、ブルジョア革命とプロレタリア革命とを機械的に区分せず、革命を動的、主体的に理解する点において共通であり、メンシェヴィキとはまったく異なる主体的革命的立場に立っている。革命の第一段階に関するレーニン主義と、第二段階に関するトロツキー主義とが結合されるとき、ロシア革命は真に具体的な指導理論を与えられることとなる。第一次革命においては、革命の第一段階も実現しなかったから、この点は未だ理論的問題となったにとどまり、現実的、実践的な問題とならなかった。

後進国ロシアにおいては、ブルジョア民主主義革命とプロレタリア社会主義革命とが連続すべきこと、この両者の間に先進国イギリスやフランスのように長期の中断期間がないことは今や明らかであった。ロシアにおいてはプロレタリアートがブルジョア革命を主導的に遂行しなければならないところに、ロシア革命の持っている複雑な特質が包蔵されている。一九〇五年の第一次革命は、プロレタリア階級の英雄的闘争にもかかわらず、失敗に帰した。ブルジョアジーは十月勅令に際して遺憾なくその反動性を露呈した。きたるべき第二のロシア革命は第一次革命同様いなそれ以上にプロレタリア階級によって指導されなければならないことはもはや疑いない。問題はプロレタリアートのどのような党派が、どのようにして革命を遂行するかにある。

4　ストルイピン時代

十月勅令で憲法制定と議会の設置とを約したツァーリ政府は、自由主義ブルジョアジーを革命の陣営から引き離すという目的をみごとに達成し、十二月蜂起を弾圧することによって革命を切りぬけることができた。革命の恐怖が台風一過すると、ニコラス二世は持ち前の優柔不断と狡猾さとから、早くも十月勅令を後悔し始め、勅令によってツァーリズムを救った首相ウィッテは、今やツァーリにとってアジア的専制への復帰を妨害するだけの厄介な存在と化した。

ニコラス二世は、一九〇六年四月ウィッテの奔走によってフランスで八億五千万ルーブリの外債が成立するや、ウィッテ伯を罷免して、反動主義者ゴレムイキンをもってこれに代えた。要するに、利用するだけ利用して、あとは放り出されたわけである。ゴレムイキン就任後ただちに、第一議会（ドゥーマ）開会をまぢかに控えて国家基本法が発布され、ツァーリには議会によることなく法律を制定する権利があることが定められた。このようにして議会の協賛を経ずには、法律を制定できないという十月勅令の趣旨はわずか半年で蹂躙された。専制政治の厚顔無恥は驚くべきものである。

基本法発布四日後、五月十日第一議会が開催された。ロシア国民から非常な期待がかけられた第一議会は、やがて彼らを失望のどん底へと陥れた。というのはツァーリズムは自由主義ブルジョアジーと妥協して、民意に基づく政治を行う意志をまったくもっていず、したがって議会はツァーリズムにとっては、一日も早く終了したい茶番であったからである。

第一議会における政党の分野を見ると、第一党は自由主義ブルジョアジーの急進派をもって結成された立憲民主党、すなわちカデットであった。カデットは、ミリューコフ教授、ムロムツェフ教授等を中心とする自由主義的、進歩的西欧主義者の政党であって、一九〇四年十一月のゼムストボ大会における多数派の後身であった。ロシア・ブルジョアジーの西ヨーロッパ依存を反映して、彼らは西ヨーロッパを模倣することに専念し、西ヨーロッパ風の民主主義を理想としたが、他面また彼らはロシア・ブルジョアジーのツァーリズム依存をも反映して、断固ツァーリズムと抗争し、これを打倒して、民主主義を実現しようとする気魄と闘志とをもたなかった。彼らはある程度自由主義が実現されるならば、ツァーリズムとの妥協をむしろ希望していた。

第二党はいわゆる労働派すなわちトルドヴィキであった。トルドヴィキはマルクス主義の社会民主労働党にも、ナロードニキの社会革命党にも属しない中間的な勤労階級の代表者であった。格別の理論をもたず、革命をも企図せず、勤労階級の利益を代表することに専念した。

第三党は十月党であって、カデットと本質的に相違するところはないが、十月勅令の趣旨を体して、ツァーリズムに協力することを立党の趣旨としているので、カデットよりはいっそう右翼にあったことはもちろんである。

第一議会には、ロシア社会民主労働党の代表者はいなかった。これはボリシェヴィキの主張でドゥーマをボイコットしたからである。また選挙法は極度の制限選挙であったから民意を反映したものとはいい難かった。それにもかかわらず、第一議会は政府反対派で多数を占められた。しかも議会外の情勢は、第一次革命の余燼が未だ消えず、ストライキは四月から六月にかけてふたたび盛んとなり、農民運動もかえって前年よりは激化の形勢を示したから、第一議会は好むと好まざるとを問わず、政府に改革を迫らざるを得なかった。特に土地問題は政府の禁止にもかかわらず、議事の中心となり、政府に土地改革を迫るに至ったので、政府はついに七月二十一日、第一議会を解散した。

第一議会の解散とともにゴレムイキンが退き、ストルイピンが首相となった。ストルイピンはツァーリズムの最期を飾る強力な政治家であった。彼にはともかくも一定の政策があった。ストルイピンはツァーリズムの内部的脆弱性を十分認識していたから、対外政策においては自重を旨とし、ロシア陸軍に巣くう原始帝国主義の跳梁を抑制した。彼は在職中、断じて戦争を許さないと言明し、これをきびしく実行した。

ストルイピンの内政はその土地改革政策を骨子としていた。彼は農村が大土地所有と農村共同体とによって健全な中農層の発達の余地をふさいでいる点に着目した。ツァーリズムがもはや封建的大土地所有にのみ依存していることができないことを認識した彼は、農村共同体を解消して自作農を創設し、このようにして生成した中間層農民にツァーリズムの社会的地盤を求めようと企図した。ストルイピンのねらいは、大土地所有者に何らの犠牲を払わさずに、農民の土地に対する渇望を充足し、こうすることによりツァーリズムを安定させようとすることにあった。

彼は一九〇六年十月十八日および十一月二十二日の勅令によって、農村共同体に所属する農民にいつでもこれから脱退する権利を与えた。その結果、一九〇七年から一九一五年に至る九年間に約二百万戸の農家が、農村共同体から離脱して自作農となった。ところが、このようにしていったん自作農化した農民の実に六〇%は、その所有地を手放してしまった。彼らの土地は負債の担保として富農に併せ取られたのである。ストルイピンが健全な自作農を創設して、ツァーリズムの基盤にしようとした意図はここにみごと裏切られて、農村は従来の大地主貴族と農民という階級対立のほかに、富農対貧農という新たな階級対立を形成した。貧農は自己の没落によってツァーリズムに対する盲目的信仰から目覚め、富農、大地主貴族ならびにこれらの大宗としてのツァーリに対する憎悪に燃えた。貧農はその明確な階級意識から、きたるべき革命においてツァーリズムの強敵となり、プロレタリアートの同盟者となるべきものであった。このようにしてストルイピンの土地改革は皮肉にも、ストルイピンの意図とはまったく別の効果を生んで、ツァーリズムのために墓穴を掘ったわけである。

ストルイピンは土地改革を断行する一方、革命運動に対して峻烈な弾圧を開始した。一九〇六年八月二十七日彼は例外法を発布し、非常緊急の場合政府は治安維持のためあらゆる手段を採り得ることとし、次いで例外法によって軍法会議が設けられた。軍法会議によるストルイピンの弾圧はまことに情容赦のないもので、彼の在任中に死刑を宣告されたものは実に五千人に達した。

ストルイピンは一九〇七年一月に行われた第二議会の選挙に猛烈な干渉を試みたが、選挙の結果は、第一議会よりもいっそう反政府的であり、一段と急進的であった。今度は社会民主労働党も選挙に参加し、若干の議員を獲得した。そこでストルイピンは乱暴にも第二議会を解散し、社会民主労働党出身の議員をシベリアに流刑したうえで、十月勅令の誓約を無視して選挙法を思いきって改悪した。すなわち労働者農民ならびに少数民族から選挙権を奪って、貴族、大地主に有利な地位を与えたわけである。その結果第三議会は超国家主義の黒百人組が一七一名、十月党が一一三名を占め、両者をあわせれば優に議会の多数を制することとなり、ストルイピンの御用機関に堕してしまった。

ここにおいて反政府派はテロやストライキなどの手段に訴えざるを得ないこととなり、ストルイピンも一九一一年九月に暗殺された。ストルイピンの暗殺は、ツァーリズムのベルダンが陥落した観があった。なぜなら、ロシア帝国の対外政策は、ストルイピンの強力な制御を失って、しだいに参謀本部の魔手に陥っていったし、内政的には、高揚する革命の波に対してはいたずらな躊躇逡巡を示すのみとなったからである。

一九〇五年十二月蜂起の潰滅と、ストルイピンの弾圧とによって大損害を喫したロシア社会民主労働党は、レーニンの執拗果敢な闘争によって、しだいに勢力を挽回し始めた。なかんずくボリシェヴィキは逆境にあって節を屈せず、党内の日和見主義者を打倒してますます結束を固め、一九一二年一月プラーク協議会で、メンシェヴィキと正式に訣別して独自の党を組織した。レーニン、スベルドロフ、スターリン等が中央委員会を構成し、委員会のロシア内支部の長はスターリンであった。[*25]

一九一二年は革命運動の新たな高揚を示す画期的な年であった。四月十七日レナの金鉱にストライキが勃発し、憲兵隊と抗戦して五百人の鉱山労働者が死傷した。この事件における憲兵の暴行に抗議して約三十万人の労働者がストライキに入り、五月には四十万人に達した。一九〇六年以降急速に進展したロシアの資本主義化は、ストライキの規模を一段と拡大強化した。一九一二年におけるストライキ参加労働者数は公式統計でも七十二万五千人、一九一三年は八十六万一千人とされているが、実際は前者百万人、後者百三十万人に及んだものと推定される。

ロシアにおける資本主義のツァーリズムに対する依存関係に基づき、ストライキは政治性をおびやすい。特に一九一二年以後においてこの傾向はいっそう強化された。今一九〇五年以後における政治的ストライキの消長を見れば左のとおりである。

年度	参加労働者数（千人）	年度	参加労働者数（千人）
一九〇五	一、八四三	一九一〇	四
一九〇六	六五一	一九一一	八
一九〇七	五四〇	一九一二	五五〇
一九〇八	九三	一九一三	五〇二
一九〇九	八	一九一四（前半）	一、〇五九

さらに農民運動も一九一二年を境としてにわかに拡大のきざしを見せ、一九一〇年から一九一四年までに一揆の件数は一万二千件をこえた。軍隊内の不穏事件も漸増し、一九一二年にはトルキスタンの部隊が反乱を起こし、バルチック艦隊およびセバストポーリにお

いても水兵の暴動が起こった。

ボリシェヴィキはこの情勢にかんがみ、一九一二年四月二十二日から日刊の合法新聞プラウダを発刊し、労働者および農民の大衆に食い入ろうとした。プラウダは大衆の啓蒙を主眼としたので、労働者農民生活の実状や、ストライキに関する投書を掲載し、労働者農民中の活動分子をボリシェヴィキの影響下におこうと執拗に努力した。官憲の弾圧に対しては、柔軟性のある抵抗を行い、ついに一九一四年の夏には、全ロシアにあった約七千の労働者新聞購読会のうち、五千六百がプラウダを読み、残りのわずか一千四百がメンシェヴィキの機関紙を選ぶ状態にまでこぎつけた。一九一二年から一九一四年に至るプラウダを中心としたボリシェヴィキの合法闘争が、ロシア民衆におけるボリシェヴィキの地位を初めて強固なものとしたのである。*26

一九一二年十一月に選挙された第四議会は、政府の必死の弾圧干渉にもかかわらず、これまで述べてきた諸情勢を反映して第三議会より遥かに急進的となった。社会民主労働党の議員はわずかに十三名、うちボリシェヴィキは六名にすぎなかったが、全体としての反政府派はとみに強化された。なかんずく注目すべきことは、政府党の十月党が一九一三年十一月の党大会において信仰、言論、集会の自由を主張し、反政府の態度を示すに至ったことである。このようにして政府は労働者および農民の革命的傾向に加えて、御用党として生成した十月党までも敵に回す結果を招いた。ツァーリズムの苦悶はここにいよいよ深刻の度を加えたといわなければならない。

いま一つみのがしてはならないことはストルィピンの土地改革が、ロシア資本主義の発達を促進したことである。富農に土地を併せ取られた貧農は大量に都市へ流入し、工業の発達に必要な労働力を供給した。このようにしてフランスの資本と自国の資本とに低賃金による高率利潤をもって酬いることができたので、ロシアの資本主義は急速に発達した。一九〇〇年から一九一二年に至る間に、石炭生産も、銑鉄生産もほぼ倍増したことはこれを雄弁に物語っている。また農業の資本主義化に伴う穀物生産の激増と輸出の強化も無視できない。このようにしてロシア帝国における資本家階級の発言権はとみに強化され、高度資本主義国における経済的帝国主義、すなわち原料の獲得と製品の販路と資本の輸出とを政治的支配によって確保しようとする政策が成長し始めた。このようにしてロシアの外交政策は、ピョートル大帝以来の原始帝国主義政策と、フランス帝国主義の半植民地化政策と、そして自国の経済的帝国主義政策との奇怪な混合物と化した。今やロシアの帝国主義外交は、単純素朴なアジア的原始的なものではなく自国ならびに外国資本の利益に裏づけられて、複雑かつ執拗な性格をおびてきた。

第五章　十月革命

1　第一次世界大戦

ロシア帝国が日本と開戦してから二ヵ月後イギリスとフランスとの間にエジプトとモロッコに関する協商が成立した。一九〇四年四月八日のアンタント・コーディアルがそれである。このようにしてロシアの唯一の盟邦であるフランスが、極東および近東におけるロシアの仇敵イギリスと結んだことは、ツァーリを困惑させた。フランスは同盟のよしみによってロシアの戦争遂行をかげにひなたに援助したが、イギリスと日本との同盟関係がフランスの深入りを妨げた。ツァーリはイギリスとフランスとの協商に驚いて、一時ドイツの誘惑にのろうとしたが、ロシアに投下されたフランス資本の力はツァーリの気まぐれを許さなかった。ニコラス二世が極東の冒険に乗り出した背後には、ヨーロッパにおける巨人帝国の圧力を軽減しようとするウィルヘルム二世の魔手が動いていたことは疑いない。

このようにして日本との戦争が継続している間、ロシア帝国をめぐる外交関係はすこぶる錯雑し、混乱していた。仏露同盟、英仏協商ならびに日英同盟の存在は、ドイツ外交の暗躍と相まってロシア帝国の地位をきわめて曖昧なものとした。ところが極東におけるロシアの敗北は事態を根本的に変化させた。第一に日本との講和によって、ロシア帝国は極東におけるイギリスとの確執を一挙に清算することができた。第二に敗戦と革命とによるロシア帝国の脆弱化は、ヨーロッパにおけるドイツの勢力をにわかに強化することとなり、仏露同盟はとうてい独墺伊三国同盟に対抗できなくなった。これら二つの事情はいずれもロシアの外交政策の急激な変化を予想させるものであったことはいうまでもない。

そこへいま一つの重大事件が勃発した。一九〇五年、ロシア帝国が対日戦争と革命とに苦悶しているすきに乗じて、ドイツはモロッコにおけるフランスの支配権に挑戦し、ヨーロッパは大戦の危機に直面した。アルヘシラス国際会議の結果は、稚拙なドイツ外交の完敗に終わったが、イギリスは狂暴な新興ドイツ帝国主義から七つの海にまたがる自国の権益を擁護するため、新たな同盟国を求めることとなった。イギリスの眼が、極東における敗戦によって多年の敵対関係を緩和されたロシア帝国に向けられたことは当然であった。

他方ロシアもドイツ帝国主義のひしひしと迫る圧力にあわてふためいた。なかんずくウィルヘルム二世がトルコに迫ってバグダット鉄道建設の利権を得、近東およびペルシアにおけるロシア帝国の伝統的利益を脅威し始めたことは、ツァーリズムの焦躁をいっそう大きくした。ツァーリ帝国はここに長年にわたるイギリスへの敵意をなげすて、これと了解を遂げる必要を痛感した。イギリスとロシアとの、巨鯨と大熊との橋渡しは、ドイツ包囲に最も熱意をもっていたフランスが引き受け、一九〇七年外交史上画期的な英露協商が、ペルシアに関する勢力分野を画定する形式で成立した。イギリスは仏露同盟の陣営に決定的に加担した。ツァーリ帝国はここに、フランスとともにイギリスのドイツ包囲網に参加することとなった。

三国協商と三国同盟との勢力均衡によって、ヨーロッパの武装平和は危険な綱渡りを続けた。日露戦争によって極東から退却し、英露協商によってペルシアへの進出を断念したロシア帝国主義は、いまやその血走った眼をバルカンとトルコとに転じた。バルカンの同族をトルコ人の支配から解放することは、十九世紀を通じてツァーリズム外交の基本政策であったが、いまやロシア帝国の大地主、富農、資本家が、黒海から地中海への経済的進出を力強く要請し始めたので、ツァーリズムの海峡への野望は一段と強化された。なかんずく一九一一年の伊土戦争に際し、トルコが海峡を閉鎖した結果、ロシアの穀物が輸出ルートを失い、大地主、ブルジョアジーが大損害をこうむる結果となり、ロシアの海峡への執着は一段と狂気じみたものとなった。

ストルイピンの在職中は、彼の鉄腕が、ロシアの外交政策を無軌道に走ることから防いだが、彼の暗殺は、ロシア陸軍にわだかまっていた好戦的侵略主義者に好機を与えることとなった。ニコラス二世は生来の臆病と弱気とからしばしば動揺したが、ロシアに投下されたフランス資本の偉力は、ツァーリズムを協商側に確保して離さなかった。一九〇八年ボスニア、ヘルツェゴビナ二州をオーストリア・ハンガリアが併合したとき、日露戦争で受けた痛手からまだ立ち直っていないロシアは、ストルイピンのもとにドイツ軍国主義の威嚇に屈伏した。しかしこの屈辱は、ロシアの好戦派をいっそう興奮させて、ストルイピンの命を縮めた。彼が死ぬと、ロシア帝国の外交政策は一路戦争街道を突進することとなった。

ロシアの好戦派は、バルカンの同族をけしかけてトルコと戦わせ、同族救援を口実としてトルコを打倒し、一挙に海峡問題を解決しようと企図した。このようにしてロシア参謀本部のあっせんでセルビア、ブルガリア、ギリシアおよびモンテネグロの四国間にバルカン同盟が成立し一九一二年トルコに宣戦した。ところがトルコ陸軍はたちまち馬脚をあらわして同盟軍に降ったので、ロシアは干渉の機を逸した。参謀本部の謀略は皮肉にもどたん場で失敗に帰したわけである。

ところで第一次バルカン戦争でブルガリアのツァーリがコンスタンチノープルに入城し、ブルガリアの国威があまりにも伸張したことは、セルビアの嫉視を招き、翌年には早くもブルガリア一国に対するセルビア、ギリシアおよびルーマニアの戦争となり、その結果ブルガリアは一敗地にまみれ、今度はセルビアが膨脹してバルカン半島を制覇する勢いを示した。セルビアの理想はオーストリア・ハンガリア領内の同族を併合して大ユーゴスラビアを建設することにあったから、セルビアの強大化はオーストリア帝国の存立をはなはだしく脅威した。オーストリアの背後にはいうまでもなくドイツ軍国主義が控えており、ここにドナウ盆地をめぐって汎ゲルマン主義と汎スラブ主義とが死の十字架を描くこととなった。一千年来かげにひなたに続けられてきたゲルマン人とスラブ人の食うか食われるかの死闘が、ドイツの軍国主義とロシアのツァーリズムとの間の決戦として爆発寸前まできた。

一九一四年六月二十八日、オーストリア・ハンガリア帝国の皇太子フランツ・フェルディナント大公は、同国大演習統監のためにサライェボにおもむいたとき、セルビアの暗殺団黒手組に属する兇漢プリンチプによって狙撃されて即死した。大公ははやくからオーストリア帝国をドイツ人、ハンガリア人、ならびにスラブ人三民族の連邦に改組しようとする腹案を蔵していたから、大セルビア主義者は大公を不倶戴天の仇敵と考えていた。このようにして大公の暗殺は大セルビア主義のオーストリア帝国に対する真向からの挑戦であり、かつセルビアの軍部およびこれを背後からあやつるロシア帝国の参謀本部が、黒手組の陰謀をそそのかしていたことは明らかであった[*1]。

オーストリア・ハンガリアはセルビアの暴状を放任するときは、自国の存立がおびやかされると考え、この機会を逆用してセルビアに鉄槌を加えようと決意した。外相ベルヒトールトはカイゼルから無条件支持の保証を得て、セルビアがとうてい受諾できないほど苛酷な最後通牒を作成し、七月二十三日四十八時間の猶予を付して同国に交付した。オーストリアの意図はセルビアとの単独戦争にあったことはもちろんである。

しかしベルヒトールトのロシアに関する判断は錯誤に基づいていた。ロシアは一九〇八年のボスニア、ヘルツェゴビナの併合事件に際しては、ドイツ軍国主義の威嚇に屈したが、一九一四年のロシアはもはや一九〇八年のそれではなかった。ロシアはすでに日露戦争の痛打から回復し、軍備も格段に強化されていた。いな少なくともロシアの軍部はそう考えた。ロシアの好戦主義者は、ボスニアの屈辱を二度と繰り返さないことを誓い、ドイツへの復讐の機会をねらっていた。彼らによれば、三国協商の強化によってロシアの国際的地位はとみに改善され、いまや袋の中の鼠同様のドイツ帝国は、ロシア陸軍の蒸気ローラーをもってすればたちまち蹂躙されるはずであった。

オーストリアの好戦的最後通牒はツァーリ帝国の好戦主義者をこおどりさせ、彼らはただちに総動員をもってこれに応えようとした。しかし外相サゾノフらの自重論者は、未だ交渉の余地があるものと考え、主戦論者を懸命に抑制し、軍事的威嚇によってオーストリアに妥協を強いようと、二十五日全国に戦争準備の開始を布告して、動員に着手するだけにとどめさせた。ところがオーストリアがセルビアの回答を不満足であると予定通り宣戦すると、ロシア帝国内の自重論者は著しく苦境に立った。今や問題は動員かいなかではなく、オーストリア国境に対する局部的動員かドイツ、オーストリア両国との国境に対する全面的動員かに変化した。後者はドイツを刺激して、ロシアとの一戦を決意させることは明らかであったから、サゾノフは極力一部動員を主張した。これに対して軍部は一部動員から総動員に切り換えることは技術的に困難であるから、ただちに総動員を開始すべき旨を力説した。

ニコラス二世は例によって優柔不断で、主戦論者と自重論者とを統御することができなかった。彼はいったん動員令に署名したが、カイゼルの親電に接して変心し、かつ皇后の影響でドイツとの戦争を極力回避しようとしたので、軍部を抑えて二十九日オーストリア国境に対する一部動員を下令した。参謀総長ヤヌシュケビッチと陸相スクホムリノフは総動員令の取り消しに驚き、三十日技術的理由を根拠としてついに外相を説得し、外相の同意をたてにニコラス二世に無理強いに総動員を決意させた。*2 ロシアの総動員は、ロシア陸軍の動員期間を精密に織り込んだ両面作戦計画に国家の存亡を賭けているドイツに、自動的にロシアとフランス二国に宣戦させることとなったことはもはや論理的必然であった。イギリスはドイツがフランスを征服してヨーロッパ大陸を制覇することを黙視することができなかったから、ドイツ軍のベルギー侵略を口実としてドイツに宣戦した。*3

このようにして第一次大戦は勃発したが、当時この戦争が四年以上も継続する長期総力戦に発展し、そして戦火の中から世界最初のプロレタリア政権ソヴィエト連邦が誕生することを予想できた人は一人もいなかったであろう。第一次大戦の導火線に点火したものは疑いもなくオーストリア・ハンガリア帝国、なかんずくその主戦派の外相ベルヒトールトと参謀総長コンラートであった。しかしオーストリアとセルビアとの局地的衝突を世界大戦にまで展開させたものは、ロシアとドイツとの参謀本部、なかんずく前者であった。ロシアの好戦主義者はセルビアの軍部を通じてサライェボ事件にも関係があり、総動員がヨーロッパ戦争を意味することを知りつくした上で気の進まないツァーリに総動員令に署名させた。総長ヤヌシュケビッチがツァーリを総動員令に同意させた上は、「ただちに電話を破壊してゆくえをくらまし、再度総動員の取り消しを命ぜられないよう万全の策を講ずる[*4]」と言明したことは、この間の真相を語っている。

第一次大戦は本質的にイギリスとドイツの争覇が根本的原因であり、ドイツ帝国主義の拙劣な外交がイギリスの優越と平和（Pax Britanica）を脅威しようとした時戦争は不可避となったので、ロシア帝国主義の戦争参加はむしろ付随的事件であったといえる。しかし第一次大戦の勃発にロシア帝国が決定的な役割を演じたことは、大戦の経過とロシア帝国の運命に重大な影響を及ぼしたことを否定できない。

総動員令はこのようにしてロシア国民の意志とはまったく無関係に、ツァーリの気持ちをある程度無視して発せられた。しかしいったん開戦が決定されると、ロシア民衆の世論は沸騰したように見えた。第四議会は満場一致をもって戦争遂行を支持した。戦争に反対した一握りのボリシェヴィキの地下における存在には気がつかない人が多かった。

ドイツとの開戦当日には、冬宮において、ツァーリのロシア国民に与える詔勅を公布する儀式がおごそかに行われた。大がかりな祈禱の後、ツァーリは一八一二年のナポレオン戦争に際し、アレクサンドル一世が国民に与えた勅語の一節を借用して、「朕はおごそかに、一人の敵といえども祖国の地上にある限り、講和を結ばないことを誓う」と宣誓した。この時全ロシアは感激と興奮とのるつぼと化し、冬宮前広場の群集は、バルコニーに現れたニコラス二世に対してひざまずいて脱帽し、「神よツァーリを護り給え」を唱和し始めた。開戦当初におけるロシア国民のツァーリズムに対する忠誠心と戦争遂行に関する決意には不一致がないように思われた。

ところが八月末タンネンベルクの一戦に空前の大敗を喫し、ついで翌夏ポーランド平原にドイツ軍の猛攻を受けるにいたって、北方の大熊ロシア帝国は早くも弱体を曝露し始めた。何よりもロシア軍を苦しめたものは弾薬の不足であった。ロシア軍は勇敢に戦ったが、ドイツ軍の三十分の一にも足らぬ砲弾をもっては、蒸気ローラーもまったく偉力を発揮できず、むなしくドイツ軍の重砲の好餌となった。欠乏したものは弾薬にとどまらず、小銃も軍靴もいっさいが無かった。このようにして素朴なロシアの農民は素足に鉄砲一つもたず、「ニチェボ、ニチェボ」と口ずさみつつ殺されていった。

ロシア軍の軍需品不足には、ツァーリズムが包蔵するいっさいの矛盾がかくされていたことを看過してはならない。ロシア帝国は伝統的強国のひとつとして三国協商に加わり、大戦勃発には主役を演じたが、イギリス、フランス、ドイツのような高度資本主義国でなかった。ロシアは経済的には、フランス資本の半植民地化された農業国の域を多く出てはいず、その対外政策は原始帝国主義と買弁的帝国主義との奇妙な組み合せであった。したがってロシア帝国には、列強とならんで、総力戦形態の帝国主義戦争を遂行すべき資格が本来欠けていたのである。

ロシア以外の交戦国も例外なく兵器弾薬の消耗がはなはだしいのに苦しんだが、高度重工業国はみずからの工業力を動員し、再編成することによって、軍需生産の画期的拡充をはかることができた。ところがツァーリ帝国の工業力は一八九〇年以来の急速な工業化にもかかわらず、先進諸国のそれとは比較にならないほど低い水準にあったから、工業力の戦時動員には狭い限界があった。なかんずく工作機械工業と化学工業との著しい後進性は、兵器弾薬生産の増強をほとんど不可能にした。ロシアの盟邦イギリスとフランスとは、それぞれ自軍への補給に追われ疲れて、とうていロシア軍の装備を援助する余裕がなかった。この点に関しては、イギリスおよびフランスの政治家および軍人が自国軍の戦闘区域にのみ心を奪われて、ドイツ帝国を打倒するという大局的見地から戦争を指導する能力を持たなかったことも看過してはならない。東部戦線の蒸気ローラーに今少しの器材が供給されていれば、協商側はより少ない兵員の犠牲で勝利を獲得し得たはずであった。

開戦当初挙国一致してツァーリを支持したロシア民衆は、緒戦以来相つぐ惨澹たる敗北によようやく戦争にあきて、前途に疑いを抱き始めた。ツァーリは一九一五年の夏の大敗を総司令官ニコラス大公の責任に帰して、これを罷免し、みずから全軍を指揮することによって劣勢を挽回しようとした。ここにはしなくもロシアの宮廷ならびに政界は主戦派と講和派との二陣営に分裂し、激烈な闘争を開始することとなった。[*5]というのは、ニコラス大公は戦前より対ドイツ戦争の熱心な唱導者であり、主戦派の巨頭であったから彼の罷免は妖僧ラスプーチンを中心とする親ドイツ講和派の勢力を増大するものであるとして、主戦派はいっせいに決起し、ラスプーチン排撃運動を開始した。

ツァーリズムは前述したように封建的大土地所有を基盤とした少数の貴族にその基礎をおいており、ロシア帝国の対外政策はこれら貴族の意志によって決定せられてきた。もしツァーリが伝統的国是にさからおうとすれば、必ず背後にある貴族の勢力によって帝位を奪われることは、ピョートル三世や、パーベルの例が雄弁に物語っている。

一八九〇年以来ロシアが追求してきた反ドイツ政策は、ロシア貴族の総意が結集したもので、ロシアに投下されたフランス資本によって担保されていた。かつてニコラス二世がウィルヘルム二世にだまされ、ドイツと友好条約を締結しようとすると、閣僚の強硬な諫言によって取り消しを強制されたようなことは、ロシア帝国の対外政策がいかに一貫した精神によって貫かれているかを如実に示している。当時ニコラス二世は意志薄弱であったから、ただちに譲歩し、もって帝位の安全を確保したが、もし彼がカイゼルとの協定を固執していれば、彼の運命は退位か、暗殺かのいずれかであったに違いない。

ロシア軍が敗退をかさね、ツァーリが戦争遂行に確信を喪失し始めると、数年前より宮廷内に異常な勢威を獲得していた妖僧ラスプーチンの暗躍が始まった。彼は、ドイツとの戦争は、ドイツ反対派の陰謀に基づくもので、ロシアにとって百害あって一利なく、ロシアは一日も早くドイツと単独講和を締結しなければ、敗戦の結果ツァーリズムの崩壊を招くであろうとツァーリに迫り始めた。ラスプーチンは催眠術によって皇后に不健全な力を行使し、皇后はツァーリを左右したから、ツァーリもだんだんラスプーチンに動かされ、一部親ドイツ派の政客はこの間に大いに策動した。事実総司令官ニコラス大公の罷免はラスプーチンの進言に基づいたし、ドイツ財界の巨頭シュティンネスとひそかに和平交渉を進めていたプロトポポフ[*6]が内相に、ドイツびいきのステュルメルが外相に任ぜられたのもラスプーチンのすすめによるものであった。

ここにおいて戦争遂行を決意した主戦派の貴族はパーベル大公を中心に結集し、ラスプーチンならびに皇后の排撃を策するに至った。

ラスプーチンの講和派と、パーベル大公の主戦派との対立は一九一五年末から一九一六年を通じて激化の一途をたどったが、彼らの抗争には対外問題以外に、重要な内政問題が関係していたことを忘れてはならない。ロシアの支配階級が、ロシア的専制主義を堅持し革命運動を徹底的に弾圧しようとする保守反動の一派と、自由主義ブルジョアジーとの妥協による上からの改革によってのみ革命を回避し得るとする立憲君主主義派とに分裂したことはすでに述べた。パーベル大公のもとに戦争完遂を主張する主戦派は実にこの内政改革派に属し、ラスプーチンの講和派は保守反動派にほかならなかった。ラスプーチンは専制政治こそロシア帝国不変の国是でなければならないと主張し、いっさいの内政改革に強硬に反対した。ニコラス二世がラスプーチンに傾倒したのは、ツァーリの専制主義に対する骨の髄まで徹した信念が、ラスプーチンにおいて強力な支柱を見出したからであった。ドゥーマに代表されている自由主義ブルジョアジーは三つの理由から宮廷の主戦派を支持した。第一にブルジョアジーの利益は、ダーダネルス海峡を要求したが、連合国はドイツ打倒後コンスタンチノープルと海峡とをロシアに提供することを約束していたから、ブルジョア階級は戦争の完遂に深い関心を有した。第二にロシアのブルジョア階級は、経済的、思想的にフランスの強い影響下にあり、フランスと同盟した戦争を最後まで戦いぬくことを求めた。第三にブルジョアジーはその立憲君主主義において、主戦派の進歩的貴族と一致していた。

このようにして一九一六年におけるロシア帝国の国内対立が、イギリス、フランス、ドイツなど先進国におけるように政争という形態をとらず、宮廷内の暗闘という独特の様相を呈したのは、ひとえにロシアの恐るべき後進性を反映している。というのは、ロシアにおいては、一般国民はもとより自由主義ブルジョアジーも、政治権力の外にあり、国政は宮廷を中心とする少数の貴族によって独占されていたからである。

ドイツの宰相ベートマン・ホルベークが、一九一六年十一月五日愚劣にもポーランドの独立を宣言したことによって、ロシア帝国の講和派は一大痛棒をこうむった。[*7] パーベル大公一味の主戦派はこの機会にラスプーチンを除いて戦争完遂に邁進しようと、十二月末この怪物を奸計を用いて誘殺した。彼らはラスプーチンの暗殺によってツァーリズムを救おうと意図したのであったが、その結果は、ラスプーチンの不吉な予言が的中してロマノフ王朝は急坂を下るように妖僧の跡を追った。

宮廷内の暗闘が続けられていくうちに、ロシアの民衆は長期消耗戦の重圧で瀕死の状態に陥っていた。軍隊は装備の劣悪に加えて、支配階級の腐敗を反映した統帥の無能によって、空前の大敗北を続け、一九一六年中に百五十万の脱走兵を出してほとんど崩壊に瀕していた。国民生活は政府の無為無策と、支配階級の横暴、悪徳商人の投機、買いだめ、売り惜しみによって食糧その他生活必需品の不足に拍車がかけられ、民衆は塗炭の苦をなめていた。

兵士の希望は一日も早く戦争が終結して、家郷に帰還することであり、一般民衆の求めたのも平和時代への復帰であった。農民と農村出身者の多い兵士は土地を渇望し、都会の住民はひたすらパンを求めた。しかしツァーリズムは、平和も、土地も、パンも与えてくれなかった。民衆は今や絶望し、絶望がこうじた結果、ストライキと農民一揆とに走ろうとした。一九〇五年の極東における敗戦後にきたものが、今やいっそう拡大強化した形態で復帰しようとした。すなわちツァーリズムは敗戦について革命を迎えようとしているのである。総力戦は、その消耗の激しさと破壊の徹底とをもって、交戦国に負荷試験(Belastungsprobe)を課する。*8 ツァーリズム・ロシアはその内部的脆弱性のゆえに最初の落伍者になろうとしている。

2 第一次世界大戦(続)

大戦は交戦列強にとって負荷試験であったのみではない。戦争は帝国主義の反対陣営である社会主義運動に対しても致命的な打撃を加えた。開戦と同時に第二インターナショナルは一瞬にして崩壊した。

二十世紀に入って、ヨーロッパに戦争の暗雲が現れ始めたとき、ドイツ社会民主党を中心とする各国の社会主義者は、累次の国際社会主義会議で戦争の問題をとり上げ、帝国主義戦争絶対反対を決議した。この決議を見るものは、万国の労働者階級の強固な団結力によって、少なくとも大国間の戦争は回避し得るものと信じていた。ところが一九一四年盛夏、サライェボ事件を導火線として三国協商と三国同盟が戦端を開いたとき、ドイツ社会民主党をはじめ、すべての社会主義政党は戦争の勃発を阻止できなかっただけでなく、進んで自国政府の戦争政策に協力し、祖国防衛に参加した。これは一見はなはだ意外に思われるが戦前における社会主義陣営内の実情、とくに戦争問題に関する極端な意見の対立を直視すれば、むしろくるものがきたといわざるを得ない。

　第二インターナショナルは本来各国社会主義政党の連絡協調機関であって、ブリュッセルの本部は単に事務局にすぎず、何ら参加各党を拘束する指導権を持っていなかった。したがって、第二インターナショナルにおいては、戦争問題のみならず、いっさいの重要問題について、各種雑多の意見が対立していた。というのは、第二インターナショナルは、右はイギリスの労働組合主義者から、左はラテン諸国のサンジカリストやアナーキストに至るまでを包含していたからである。このような雑多な思想傾向を蔵しつつ、ともかくも重要問題について一定の決議を行うことができたのは、ドイツ社会民主党がその圧倒的な党勢と理論的権威とをもって、見解の相違をまとめることができたからにすぎない。

　戦争問題がはじめて第二インターナショナルの議題となったのは一九〇〇年のパリ大会においてであった。この大会では国際平和、軍国主義ならびに常備軍に関する委員会の報告[*9]が、ローザ・ルクセンブルクによって行われた後、満場一致で戦争反対を決議したが、未だ戦争の危険は具体化していなかったので、緊張した討論は見られなかった。一九〇四年のアムステルダム大会も同様であったが、一九〇七年のシュトゥットガルト大会においては、前々年のモロッコ事件にかんがみ、戦争問題は最も白熱的な議題となった。

この大会は戦争が資本主義の本質に根差すことを指摘した後、労働者階級は兵士として、軍需工業労働者として、あるいはまた消費者として、戦争において最大の犠牲を負担させられることを確認し、結論として戦争に対する第二インターナショナルの態度を左のように要約した。[*10]

「戦争がまさに勃発しようとするおそれがあるときは、関係国の労働者階級とその議会における代表者とは、インターナショナルの統制と協力とのもとに、最も有効であると考えられる手段を用いて戦争の勃発を妨げるために全力をつくす義務を有する。そしてその際とるべき手段は階級闘争および一般的政治情勢のいかんによって当然異なるものである。

万一右のような努力にもかかわらず戦争が勃発したときは、労働者階級は戦争をすみやかに終了させるために努力し、かつ全力をあげて戦争によって惹起された経済的および政治的危機を国民の攪乱に利用し、このようにして資本主義的階級支配の撤廃を促進すべき義務を負う」

この決議案は、大会における左翼派、中央派、ならびに右翼派の苦しい妥協の産物であり、表面的な強がり文句にもかかわらず、矛盾撞着に満ちていた。まず第一に戦争が勃発するおそれがあるとき労働者階級がこれを防止するためにとるべき手段は漠然と「あらゆる方法」と曖昧にされ、しかも、国によって具体的に規定されるべきものとして巧みに回避されている。これはフランスの極左サンジカリストが、ゼネストと武装蜂起によって支配階級の戦争政策を妨害すべきだとしたのに対して、ベーベル以下のドイツ社会民主党側があわてふためいてこれらの革命的戦術に反対した結果である。エルベは極左派を代表して、ドイツ社会民主党が隆々たる党勢にもかかわらず、真剣に戦争を防止しようとする闘志を欠き、投票機械、選挙政党に堕落していることを鋭くついたが、大勢には抗することができなかった。

第二に戦争勃発後にとるべき方策として、戦争の短期終結を促進することと、戦争によって生ずるであろう混乱を利用して革命までもっていくこととの二つが並べられているが、この二つの方策は明白に矛盾する。前者は単に平和時代すなわち常態への復帰を求めるだけであるのに対して、後者は戦争を革命へ転化しようという革命的な主体性を含んでいる。この後者の思想こそ、実にレーニンが展開した「帝国主義戦争を内乱へ」という共産主義の帝国主義戦争に対する基本戦略にほかならない。尖鋭なレーニン主義の戦争政策は、レーニン、マルトフおよびローザの提案によって、低調な大会決議録の末尾へすこぶる不自然に追加された。大会はこの恐るべき追加文句が何を意味するかをまじめに考えなかった。したがって第二インターナショナルには、この文句を実践する気魄が最初から存在しなかったことはもちろんである。

戦争を有効に防止すべき手段を具体的に規定できなかった点と、戦争中の政策の明白な矛盾を看過した点とに第二インターナショナルの戦争問題に対する態度の本質が曝露されている。第二インターナショナルの戦争反対には、主体性が欠如していたのである。すなわちドイツ社会民主党を中心とした主流は、単に戦争によって労働者階級が大きな犠牲を課せられる点に着目して、これを嫌悪し、回避しようとしたにすぎず、また開戦後は一日も早く平和が回復され、犠牲が軽減されることを望んだにすぎない。換言すれば、第二インターナショナルの戦争反対は平和主義的な「態度」にすぎず、そこには、主体的能動的に歴史を作ろうという闘魂がない。このような傍観的受動的態度をもってしては、帝国主義戦争を防止できないばかりか、これにまき込まれ、ついには好戦主義的世論の激流に押し流されて積極的に軍国主義に奉仕することとなるのは、まったく明らかであるといわなければならない。

これに対して、大会決議録の末尾に鋭い議論をあらわしたレーニンとローザとの戦争政策は、まったく異なる世界からきている。そこには、革命の緊迫性を感知し、主体的能動的に革命を実践して歴史を作ろうとする強烈な意欲が横溢している。レーニンの東欧共産主義とローザの西欧共産主義とは、第二インターナショナルにおける二つの孤島であり、その高度の革命性は俗流マルクス主義に毒されたドイツ社会民主党をはじめ各国の社会主義政党にはとうてい体得できなかった。

一九一四年七月末、ヨーロッパ戦争の危険が具体化したとき、第二インターナショナルは戦争の勃発を阻止すべき何らの手段をも実行できなかった。党機関紙は戦争の危険を説き、労働者階級の反対を表明したが、危機はこれらの饒舌とは無関係に進展し、八月一日ドイツの宣戦で戦争はヨーロッパ全大国間の戦争となった。八月四日ドイツ議会には戦債案が上程され、第二インターナショナルの中核体であり、ドイツ議会の第一党であるドイツ社会民主党が、これに対して、どのような態度をとるかに全世界の眼が向けられた。第二インターナショナルの戦争反対決議を見慣れてきた人々は、ドイツ社会民主党の戦争反対を予期したことはいうまでもない。

ところが八月三日のドイツ社会民主党代議士会は、七十八名対十四名の圧倒的多数をもって戦債案への協賛を決議し、翌四日党首ハーゼがみずからは戦争反対の意見であったにもかかわらず、党律に服して、賛成演説を行い、戦債案は満場一致をもって可決された。*11世界はドイツ社会民主党の裏切りに一驚したが、ドイツ以外の第二インターナショナル所属政党も全部ドイツ社会民主党の例にならった。戦争反対の態度を明らかにすることができたのは、ロシアのボリシェヴィキと、イギリス労働党のマクドーナルド一派のみであった。前者はシベリアに流刑され、後者は政治的に葬られ、ここに第二インターナショナルは完全に崩壊した。

ドイツ社会民主党が、戦債案に協賛したのには相当の根拠があった。というのは、エンゲルスは一八七九年から一八九二年に至る間、ドイツ社会民主党にあてて三本の手紙[*12]を書き、ドイツがロシアの侵略を受ける際は、ドイツ社会民主党は敢然参戦し、万難を排して祖国をツァーリズムから護るべきことを説いていたからである。一九一四年初の情勢は、ロシア参謀本部の強引な総動員によって、ドイツの東部国境が脅威されていたから、ドイツ社会民主党は、エンゲルスの遺訓に従うことをもってその戦争を理由づけることができたし、また前党首ベーベルが繰り返し繰り返し「われわれは危局に際して祖国を見捨てず」と言明していたことも、同党の大勢を制する力をもっていた。

戦争遂行に賛成すること自体は、このようにして必ずしも裏切りではなかったが、同党が戦債案協賛と同時に、支配階級と城内平和を結んでいっさいの階級闘争を停止したことは、明白な誤謬であった。なぜなら、エンゲルスがドイツ社会民主党に期待したのは、同党が支配階級の戦争政策に引きずられ、従順な下僕としてドイツ帝国主義の手先となることではなく、みずから主導権を握って、みずからの責任において一七九三、四年型の革命戦争を展開すべきことであった。エンゲルスによれば、ロシアとフランスとの二大国と両面戦争を遂行することは、ドイツの軍閥官僚の能力をこえた至難事で、ドイツのプロレタリアートがみずから政権を奪取して、ドイツ国民の総力を戦争遂行に投入した場合にのみ、ドイツは勝利の公算を得るものと考えた。このようにして戦債案協賛と同時に、支配階級に無条件で降伏したドイツ社会民主党は、エンゲルスの遺訓を完全に歪曲し、ふみにじったわけである。

近代戦争に際して、戦争遂行に敢然反対することはもとより、戦争中に革命運動ないし階級闘争を継続することは実質的に支配階級の戦争遂行を妨げ、場合によっては自国の敗戦を賭することを意味する。したがって一七九三、四年型のジャコバン的革命戦争の遂行は決して容易ではない。カウツキー主義とベルンシュタイン主義とによって主体性を忘れ、革命的行動力を失ったドイツ社会民主党が、戦債案に協賛するとともに、城内平和を結んだことはむしろ当然であった。

レーニンはドイツ社会民主党の裏切りに激怒した。八月四日のドイツ議会記事を掲載したフォアベルツ紙が到着したとき、彼はそれをドイツ軍国主義が贋造した偽物であると断定した程であった。*13 レーニンは絶大な批判的知性の持ち主であったが、ドイツ社会民主党の本質的脆弱性を洞察できなかったことは意外である。思うに、彼はロシア人として、西ヨーロッパの実情にうとく、西ヨーロッパ的な考え方からは縁が遠かったのであろう。第二インターナショナルの崩壊に、狂気せんばかりに憤慨したレーニンは、やがて冷静に帰るとともに、ヨーロッパ戦争からヨーロッパ革命が、ロシアの戦争からロシア革命がきたるべきことを確信した。日露戦争から一九〇五年の革命が生まれたように、今次の戦争からはいっそう大規模な、いっそう決定的な革命が生まれるはずであった。生来の革命家であるレーニンは、好戦的な愛国主義と貪欲な軍国主義との怒濤の中に、迫りくる革命の足音をはっきりと聞いた。

革命の緊迫を確信したレーニンは、きたるべき革命に備えて、その戦略と戦術とをねった。革命が戦争から生まれるものである以上、革命の主体的研究は、戦争の科学的分析から出発しなければならない。彼はツューリッヒにおいてヘーゲルの論理学を読むかたわら、[*14]帝国主義戦争の考察に没頭した。レーニンの丹念な研究と緻密な思索とは一九一六年春『帝国主義論』となって結晶した。[*15]

帝国主義論は、「資本主義の最後の段階としての帝国主義」と銘打たれており、資本主義の発展に関する歴史的分析から出発して、帝国主義戦争の本質に及び、帝国主義戦争を転化して内乱とし、内乱を通じてプロレタリア革命を実現すべき基本戦略をもって終わっている。

レーニンによれば、[*16]中小企業の自由競争に基づいた資本主義は、トラスト、カルテル、コンツェルンなどの巨大独占体の形成によってその性質を一変し、議会を通ずる自由主義政治は姿を消して、自国ならびに外国大衆の搾取に寄生する金融寡頭資本の専制が始まった。資本主義国家はごく少数の巨大独占体に基礎を置く金融資本の国際的搾取機構に堕し、強大な軍備をもって原料資源と製品販路とを争奪する。これが帝国主義戦争であり、第一次大戦は帝国主義戦争にほかならない。レーニンの帝国主義論は、高度資本主義と帝国主義政策との内部的連関の必然性を鋭くいいきったものとして注目すべきである。しかしレーニンが帝国主義を資本主義の最後の段階として把握したことは、亜流レーニン主義者によって無批判に暗誦され、資本主義とは無関係な原始帝国主義の存在を否定させる結果を招いた。たとえばツァーリズムの帝国主義政策を独占資本主義や資本の輸出をもって説明することは噴飯事である。レーニンの帝国主義論は資本主義を世界的規模において把握して立論されたものであって、第一次世界大戦をイギリスとドイツとの帝国主義戦争として理解することは正当であるが、このことはロシアに資本主義とは無関係な原始帝国主義が厳存することを否定することにはならない。

さてレーニンの帝国主義論において帝国主義の定義より遥かに重要なものは、レーニンがそこから引き出した実践的結論である。レーニンが帝国主義をもって死滅する資本主義の最後の段階であるとしたのは、そこから帝国主義戦争は世界革命の前夜であることを帰結するためであった。[*17] レーニンの帝国主義論は、彼のすべての著作と同じように革命の立場から主体的に書かれていることはいうまでもないが、戦争は革命の前夜であると断定することによって、レーニンは戦争に対する政策を革命に対する政策と直結している。

すなわちレーニンによれば、帝国主義戦争は国際資本主義の政策であるがゆえに、国際資本主義に真正面から対立する革命的プロレタリアートは、帝国主義戦争に真向から反対することによってのみ、きたるべき革命に主導権を掌握できると断定するのである。ブルジョアジーとプロレタリアートとの世界的規模における階級闘争は、帝国主義戦争において頂点に達するがゆえに、プロレタリア階級は絶対的、無条件的に戦争に反対することによって、戦争がもたらす破壊と混乱との中から革命への手がかりをつかみ得るとする。このようにしてレーニンの戦争反対論は、常態としての平和を回復しようとする平和主義とはまったく異なる次元に属することを知るべきである。

近代戦争において戦争遂行に反対することは、祖国の敗戦を賭することを意味する。したがって戦争に反対するものは反逆者、売国奴として処断されることは必然である。レーニンはボリシェヴィキが戦争遂行に敢然と反対することによって、好戦的愛国主義に興奮した国民大衆から憎悪され、官憲によって弾圧されることは十分覚悟している。さらに反戦運動は、レーニンの熱愛する祖国をドイツ軍国主義の毒牙にゆだねるおそれがあることも知りつくしている。レーニンはこれらいっさいの危険を賭して、きたるべき革命に備えようとする。緊迫した革命において主体的に祖国に対する革命家としての責任を完遂できるという鉄のような決意と自信とが、レーニンの反戦論を、無責任な戦争反対論からはっきりと区別するのであって、レーニンの理論と実践とには、何物をも恐れぬ天性の革命家的情熱が沸騰している。

帝国主義戦争は緒戦の段階において、国民大衆に狂暴な敵愾心を吹き込み、総力を戦争遂行に集中させることによって、国内における帝国主義、すなわち金融資本家の寡頭支配体制を無限に強化するように見える。ところが戦争の長期消耗戦化に伴い、戦火による国民生活の直接的破壊と軍需生産力増強に伴う国民生活水準の極端な切り下げとは、一部戦時利得者を除く国民大衆の生活困難を激化し、開戦時における愛国熱の退潮と相まって、国民に戦争の短期終結を希望させるようになる。これに対して支配階級は戦争完遂を怒号して国民の戦意高揚を企図する結果、階級闘争は戦争遂行か戦争反対かという端的な形態をとって、にわかに尖鋭化される。

このようにして戦争勃発以来、帝国主義戦争の本質を曝露し、首尾一貫して戦争遂行に果敢な反対を続けてきた革命的プロレタリアートは、反逆者、売国奴から一転して国民的英雄と化する。プロレタリア階級は戦争により抑圧され虐待された農民、小市民等の国民大衆を味方とすることによって、ブルジョアジーを孤立させ、きたるべき革命における必勝の地位を獲得することとなる。さらにプロレタリアートは、帝国主義戦争に終始一貫して反対することによって、単に自国の国民大衆だけでなく、帝国主義によって自由を奪われた、植民地、半植民地の被圧迫階級を同盟者とすることができ、帝国主義の暴圧から人類を解放すべき聖戦の前衛たることが確認される。

ここにおいてレーニンが、はやくからブルジョアジーとプロレタリアートの対立だけを機械的にとらえて、この両階級の間に厳存する広汎な中間層の重要性を認識できないメンシェヴィキの俗流マルクス主義に反対したことを想起すべきである。帝国主義戦争は、農民、小市民などの中間層の革命化に寄与することによって、レーニン主義のメンシェヴィズムに対する優越性を証明するわけである。

帝国主義戦争の本質を究明し、帝国主義戦争に対する革命的プロレタリアートの立場を明らかにしたものとしては、レーニンの帝国主義論のほか、トロツキーの『戦争とインターナショナル』（一九一四年）やローザの『社会民主主義の危機』（一九一五年）などがあるが、レーニンほど徹底して帝国主義戦争に対する絶対反対、戦争協力者に対する徹底的闘争を説いた者はなかった。彼によれば、帝国主義戦争においては社会主義者であるかいなかは問題でなく、戦争に反対するかいなかだけが問題である。なぜならたとえ社会主義者でも、戦争遂行を支持するものは、帝国主義の手先にすぎず、プロレタリアートの敵であるからである。このようにしてレーニンは、社会主義陣営内の戦争協力者すなわち、いわゆる社会愛国派に対して情容赦のない攻撃を加えた。彼にとっては、緊迫した革命の前夜において社会主義陣営ないし労働者階級の戦線統一のために、社会愛国派に対する攻撃を差し控えること自体が罪悪であった。一九一五年二月ロンドンに協商国側の社会主義者大会が開かれたとき、レーニンはボリシェヴィキの代表リトヴィーノフを通じて、ベルギーおよびフランス社会党の入閣を痛烈に弾劾した。

一九一五年九月スイスのツィンメルワルトにおいて社会愛国派を除く第二インターナショナルの会議が開かれた。レーニンはこの会議において、帝国主義論の立場から、帝国主義戦争を内乱に転化することを説いたが、彼が最も重点をおいたことは、この目的を達成するためにいっさいの戦争協力者すなわち、社会愛国派と絶縁することであった。ところがツィンメルワルト会議の参集者はほとんどが単なる平和主義者にすぎず、平和の回復とともに第二インターナショナルの復帰を企図しているから、レーニンの立場は孤独であった。[*18] トロツキーすらが、平和主義者とレーニンとの調停を試みる有様であったからである。ツィンメルワルト会議は何ら具体的成果をあげなかったが、一九一六年四月のキーンタール会議とともに、コミンテルンの前史として重要である。

レーニンはツィンメルワルト会議後ただちに筆をとって、ロシア革命のための十一ヵ条のテーゼを書いた。[*19] このテーゼは帝国主義戦争の段階におけるレーニン主義の戦略戦術を知る上にこのうえなく重要である。

第一のテーゼは憲法制定会議の召集をそれだけで革命のスローガンとすることに反対している。その理由は、誰が憲法制定会議を召集するかが問題であって、ツァーリがそれを召集するときは革命をさまたげるだけだからである。憲法制定会議の召集に代えて、レーニンは、民主共和国、大土地所有の没収および八時間労働制をスローガンとすることを主唱する。これは一九〇三年以来ボリシェヴィキの最低綱領であり、ブルジョア革命の完遂を意味する。

第二のテーゼは、当時ロシアにおいて軍需生産の増強のために結成されていた軍需工業委員会へ、労働者が参加することを排撃している。これは戦争遂行に協力することを絶対に否認するレーニンの立場からは当然である。

第三のテーゼは、労働者のみならず、貧農、小市民、軍隊の間に党の宣伝を強化すべきことを説いている。というのは広汎な中間層を獲得しようとするねらいである。

第四に労働者代表会議すなわちソヴィエトは、もっぱら政治的ストライキと武装蜂起との指導機関でなければならないとしている。ソヴィエトをブルジョア議会に代わる政治的中枢機関にしようとする考えは未だ成熟していないことがわかる。

第五、第六のテーゼはきたるべきロシア革命の社会的内容はブルジョア革命であると規定し、私有財産制の廃止は革命の問題となることはできないことを明白に主張する。

第七、第八のテーゼはボリシェヴィキはあらゆる民主主義勢力と協調することにやぶさかではないが、いやしくも戦争を遂行するものとは断じて連立政府を組織できないとする。このことは実質的には、連立政権への参加拒否を意味する。なぜならば、社会革命党も、メンシェヴィキの大部分も戦争に協力しており、マルトフなど戦争反対の一部メンシェヴィキも、戦争協力派との絶縁を承諾しないからである。このようにして一九〇五年には、メンシェヴィキの連立反対論に対して、ボリシェヴィキは革命政権への参加を主張したのに反して、一九一五年にはボリシェヴィキは連立政権に反対することとなった。これはレーニンがロシア革命を遂行しようとする主体的立場から行動しているのに対して、メンシェヴィキは、一貫して主体性をもたず、先にはブルジョアジーに、今はツァーリズムに駆使されている結果である。

第九テーゼにおいてレーニンは、戦争中ツァーリズムが倒れて、社会革命党やメンシェヴィキのような社会愛国派が政権を握ることになった場合においては、ボリシェヴィキは断固彼らの政府と闘争すべきことを主張する。帝国主義戦争中でない時期に彼らが政権を握ることは、真実の革命を意味するから、ボリシェヴィキは一九〇五年以来革命連立政権への参加を主張してきたが、戦争中に社会愛国派が政権を握ることは、何ら革命を意味せず、彼らの民主主義革命は単なる茶番劇にすぎない。なぜなら彼らの政府が戦争を継続する以上、彼らは軍閥、官僚ならびに軍需工業資本家と協力せざるを得ないこととなり、何らの革命も行うことができないばかりでなく、かえって帝国主義の偽装に利用されるにすぎないからである。この第九テーゼは一九一七年の二月革命によっていみじくも現実化したことはいまさらいうまでもないことである。

第十テーゼは、社会愛国派と絶縁し孤立したボリシェヴィキが、単独で革命を遂行できるかを問題とし、中間階級が決定的な瞬間に左傾しさえすれば、革命は可能であると説いている。中間階級が決定的な瞬間に左傾するとは、農民が社会革命党を離れてボリシェヴィキに加担することを意味している。このテーゼは十月革命において驚くべき正確さをもって実現したことは後に述べるとおりである。

最後のテーゼは、ボリシェヴィキが戦争中に政権を獲得した場合には、最低綱領を遂行するかたわら全交戦国に対して植民地およびいっさいの被圧迫民族の解放を条件として和平を申し入れ、もし協商側も、同盟側もこれを拒絶する場合においては、全世界の被圧迫民族とプロレタリア階級を同盟者として革命戦争を断行すると結んでいる。ここに世界革命の壮大な構想が描かれており、プロレタリア階級のみならず、植民地半植民地の隷属民族の解放を目指す、人間解放の使徒としてのレーニンの面目が躍如として現れている。レーニンはロシア革命の立場から、世界革命を考え、世界革命の立場から被圧迫民族の解放をとらえる。レーニンにとっては、革命がすべてであり、革命のみが人類を帝国主義とその腐敗堕落から解放できる。ブルジョアジーとプロレタリアートの機械的対立に眩惑されないで、中間層に着目して、民主革命を遂行しようとするレーニン主義は、帝国主義戦争か、世界革命かという二者択一においてもっとも鋭く浮彫にされる。

以上十一条のテーゼにおけるレーニンの根本思想は、一九〇三年の第二回党大会および、一九〇五年革命におけるそれと少しも変化していない。それはきたるべきロシア革命を、プロレタリアートと農民との提携による徹底したブルジョア民主主義革命としてとらえ、革命後実現されるべきは、民主共和国、大土地所有の没収および八時間労働制に限定されるべきだとし、生産手段に関する私有財産制の廃止すなわち社会主義の実現は、ロシアの現状をもっては当面の課題とならないと断定している。

レーニンの民主的独裁の思想、すなわち革命後プロレタリア階級は農民その他の中間層と同盟して、ブルジョア民主主義の徹底を期すべきであるという考え方には、現実性を欠く点があることはすでにふれた。農民その他中間層ならびにプロレタリア階級の大半が社会革命党とメンシェヴィキの指導下に帝国主義の戦争政策に協力して、ツァーリズムに魂を売ったからには、中間層との提携は問題外となり、ボリシェヴィキが孤剣をもって革命を遂行しなければならないことになった今日、なお革命の目標を民主的独裁制や、民主主義共和国にとどめておくことはいっそう非現実的ではないか？　ボリシェヴィキは今や最低綱領から最高綱領へ移るべきではないか？　プロレタリアートの独裁による社会主義革命の遂行を当面の課題とすべきではないか？　この点で注目すべきは前にもふれたとおりトロツキーである。

トロツキーはレーニンの党組織論に反対してボリシェヴィキから独立した一派を形成していたが、彼ははやくから中間層を軽視し、ロシア帝国における現実の政治力は、ツァーリズムとプロレタリアートだけであるとし、ツァーリズムの打倒はプロレタリアートによってのみ実行されると考えてきた。この点においてトロツキーの立場は、プロレタリアートの実力を過大に評価する意味で非現実的であった。ところが帝国主義戦争がいっさいの中間層のみならず、プロレタリアートの大半を戦争協力者にしてしまったとき、トロツキーの理論は現実性を強化した。特に革命後プロレタリア階級が最低綱領に甘んじて、社会主義革命をすぐには望まないという考えをしりぞけ、一挙に最高綱領へ邁進すべしとする点においてトロツキズムはレーニン主義の欠陥を鋭くついている。

この場合立ち遅れた農業国ロシアが、単独で一国において社会主義革命を遂行できないことは明らかであるから、トロツキーはロシア革命と西ヨーロッパの高度工業国における社会主義革命との連結を前提として要請する。これがトロツキーの永久革命論である。すなわちロシアのプロレタリアートが西ヨーロッパのプロレタリアートから技術的援助を得て、社会主義社会を建設するというのがトロツキズムの根本命題である。[*20] このようにしてトロツキズムは世界革命をロシア革命成功の不可欠の条件としているわけであるが、世界革命という未知数を前提とする意味においてトロツキズムは一つの弱点を包蔵していることもいなめない。なぜならば、万一世界革命がこない場合は、ロシア革命もまた敗北の運命を免れることはできないからである。これに反してレーニン主義は、革命後の綱領に含みがあるだけに、いわば退路を確保しているといえる。なぜならば世界革命が成功しなくても、ロシア革命は何とか生きぬく途を発見できるかも知れないからである。

3　二月革命

ラスプーチンの暗殺によって、ツァーリは反動勢力の有害な影響から免れ、内政の改革と戦争の完遂とに一路邁進するであろうという、主戦改革派の期待は無惨にも裏切られた。ツァーリはラスプーチンの死後ますますラスプーチン派に傾き、悪評高い内相プロトポポフを罷免しないばかりか、かえって主戦改革派に対する圧迫を強化した。さらにニコラス二世をめぐる和平派は、ドイツとの単独講和だけが、ツァーリズムを革命から救うことができるとの確信を強め、ドイツとの交渉に狂奔し始めた。

この情勢を見て主戦派の貴族は大いに驚き、ドイツとの戦争を完遂するためには一大革新を断行する以外に途はないと考え、第四議会に代表されている自由主義ブルジョアジーと提携して憲法制定を目標とする自由主義的改革運動にのりだした。彼らが内政改革を真剣に企画し始めたのは、もちろん単に戦争完遂によって、宿望のコンスタンチノープルとダーダネルス海峡とを確保しようとするためだけではなかった。一日も早く上からの改革を断行しないと、一九〇五年の革命が繰り返されることを危惧したからであった。

一九一六年の秋から、ロシア国内の食糧情勢は一段と悪化し、ペトログラードやモスクワにおけるパン購入者の行列は日増しに長くなっていった。肉類や砂糖ははやくから市場から姿を消し、民衆は苦心して手に入れた一片のパンと塩とで辛うじて露命をつなぐ有様であった。他面軍需工業資本家やブローカー、投機師といった戦時成金だけが、脂肪で脂ぎって、豪遊を続けていたことは民衆の不満をいっそう痛切なものとした。戦線におけるロシア兵の殺害は相変わらず継続されており、なかんずくドイツ軍の大攻勢によって一九一六年後半期におけるロシア軍の損害は甚大であった。今やロシア民衆の忍耐は極限に近づいた。

ペトログラード駐在の協商側大使、なかんずくイギリス大使ブキャナンとフランス大使パレオローグとは、ロシア国内における右にのべた憂慮すべき情勢にてらして、ロシアにいっそう精力的に戦争を遂行させるためには、上からの自由主義的改革以外にはないとの結論に達した。このようにして主戦派の貴族ならびに自由主義ブルジョアジーと協商国との間にある種の了解が成立した。イギリス大使は本国の承認を得てツァーリに強硬な進言を行い、立憲民主党総裁ミリューコフと密接に協力した。協商国は第一次大戦をドイツ軍国主義に対する民主主義の聖戦であると宣伝していたが、この際ツァーリズムが協商側にあることはこの種の宣伝にはなはだしく不利益であったことはいうまでもない。もしロシアにおいてツァーリズムが自由主義に改宗するならば、それはあらゆる意味で協商側の利益となることは明白であるように思われた。

一九一七年一月ロシアの宮廷にはふたたび陰謀が進行を開始した。陰謀の目標は皇后であり、皇后を逮捕することによって、一挙にラスプーチンの残党を一掃し、君側の奸を除こうという構想であった。しかし上からの宮廷革命が実現する前にペトログラードの市街は、下からの民衆革命に襲われた。革命は一九〇五年同様、まったく民衆の中から自然発生的に勃発した。社会革命党はもとより、メンシェヴィキもボリシェヴィキも、革命の勃発には何らのイニシアチブをもとらなかったばかりか、ボリシェヴィキですらが、民衆に引きずられ、民衆に後押しされて、革命の渦中に飛び込んでいった。

一月二十二日頃からペトログラードの市内では各所にストライキが開始され、モスクワでは約二千人のデモが騎馬警官によって蹴散らされるという事件があった。しかしストライキもデモも、格別大規模であるわけではなかった。三月七日までこの情勢が継続した。[*21]

三月八日は国際婦人労働者日であったので、ボリシェヴィキもメンシェヴィキもこの日例年どおりの行事を行う予定であった。革命の機がしだいに熟していることは、何びとも否定しなかったが、未だ軍隊への工作が不十分であったから、行動は時期尚早であると考えられた。ゼネストに訴えることは、このような情勢のもとではすこぶる危険であった。なぜならば、革命が切迫して、しかも機が未だ熟しない時に挑戦することは、ツァーリズムに弾圧の好機を与えるものと判断されたからであった。最も革命的なウィボルク地区のボリシェヴィキ委員会が断固ストライキに反対したことは、これを何よりも雄弁に物語っている。[*22]

ところが三月八日の朝から、紡績工場の婦人労働者が党の指令に反してストライキを開始し、金属労働者に対してストライキの援助を要請してきた。地区委員会は既成事実に押され、しぶしぶながらストライキの拡充に同意した。[*23]ゼネストになれば、軍隊の出動は必至であるが、その場合軍隊は労働者に対してどのような態度に出るだろうか？　ペトログラード駐屯部隊は現役兵ではなく、予備兵であるが、革命の弾圧に参加するだろうか？問題はすべてこの一点にかかっていた。ストライキは八日中に漸次拡大してウィボルク地区から他の地区へと蔓延していき、参加労働者数は約九万人に達した。婦人労働者の群は議会へ示威運動を行い、パンを要求した。ペトログラード市内には各所に赤旗が掲げられ、「専制政治打倒」、「戦争反対」、「パンを与えよ」などの文字が見られた。

翌九日には、ストライキとデモンストレーションは停止しないばかりか、いっそう拡大された。政府は警察とコサックとを用いて弾圧しようとしたが、労働者側は警官に対しては露骨な敵意を見せたのに対して、コサック兵とはむしろ交歓するようすが見られ、コサック兵の側も、民衆に対する同情と共感を示すきざしが現れた。しかしおりから開かれた閣議は首都における騒動をちょっと問題としただけで、ただちに議事日程に入ったほど事態を楽観していた。

十日になると、ストライキはほとんど全ペトログラードの工場を渦中にまき込んだ。モギーレフの大本営にいるニコラス二世からペトログラード軍管区司令官ハバロフ将軍にあてて翌十一日までに事態を収拾するよう電報で命令が到着した。八日に紡績工場の女工員がストライキを始めてからすでに三日間、革命の波はしだいにたかまったが、今や十一日が、革命の運命を決する日であることが、政府にも、ストライキ労働者の側にも、しだいにはっきりしてきた。ボリシェヴィキの中央委員会はようやく十日朝全ロシアにゼネストの指令を発した。[*24] 政府側では十一日朝までに約百名の革命運動指導者を逮捕したが、この中にはペトログラード地方ボリシェヴィキ委員会のメンバー五名が含まれていた。

十一日は日曜日であったが、労働者たちは朝から続々と市内の中心地へ殺到し始めた。警察では橋を遮断してこれを妨害しようとしたが、民衆はネバ河の氷を渡って前進した。ハバロフ将軍は四十八時間の期限付きで労働者の職場復帰を命令するかたわら、いよいよ軍隊の出動を命じた。今や革命は決定的な瞬間に到達した。下士官志願者より成る教導部隊の発砲によって、民衆には多数の犠牲者が出た。ところが教導部隊の発砲によって、労働者が死傷したという報を聞いて、パブロフスキー連隊の第四中隊は反乱を起こし、脱営して騎馬警官に発砲した。この反乱はまもなく鎮定されたが、軍隊の動向を示す前兆としてきわめて注目された。

今や労働者たち、特に婦人労働者は全力をあげて兵士たちを味方につけようと、あらん限りの努力を払った。兵士と労働者とは、同じロシアの民衆であり、戦争の犠牲者であるという共感が、両者の接近を容易にした。婦人労働者の中には、兵士たちの妻子が多かったことはいうまでもない。これに対して政府側は、軍隊に断固たる行動を要求したから、ペトログラードの軍隊の争奪戦が行われたわけである。

翌十二日は早朝から武装労働者と政府側との衝突が開始されたが、今や全軍隊は動揺し、続々と反乱に加担していく形勢を示した。まずボルインスキー連隊が蜂起し、指揮官を射殺した。軍の暴動はたちまち拡大して、隣接のリトブスキー連隊、プレオブラジェンスキー連隊に及んだ。部隊は続々と営門を出て、武装労働者と合流して兵器廠を占領し、刑務所を開放した。同日夕刻には革命運動側に走った兵士は六万をこえ、ここにペトログラードは完全に革命運動の手中に落ちた。モスクワの部隊もこの日革命運動に参加した。

右にのべた形勢を観望して、ツァーリズムの没落を不可避と判断した議会の自由主義ブルジョアジーは、すかさず、革命の成果を自分の手中に収めようと暗躍を開始した。彼らのねらいは革命運動を背景として、ツァーリズムと交渉し、立憲君主制の形態で、下からの革命を上から横領しようとすることにあった。十二日彼らはソヴィエト内の社会革命党ならびにメンシェヴィキの領袖と談合した上で、臨時議会委員会を結成し、議長には第四議会議長ロージャンコを選任した。*25

ロージャンコはモギーレフの大本営にいるニコラス二世に電報して、議会に責任を負う新内閣を任命する以外に、革命を鎮圧し、事態を収拾する途はないことを諫告した。皇弟ミハエル大公からも同様な申し入れがあり、首相も辞職を申し出たが、ツァーリは何らの反応も示さなかった。というのは、ニコラス二世の専制政治に対する執着には抜き難いものがあり、従来からの主戦改革派との感情的対立もあって、今さら彼らに屈伏することは面子《めんつ》が許さなかったのであろう。ニコラス二世は優柔不断であるにもかかわらず、いな優柔不断であるがゆえに、帝王神権説の熱心な信奉者であり、およそ人民の権利というものを理解できなかった。専制主義への妄執と、人民の蔑視、狡猾、卑陋などルイ十六世のもっていた悪徳はいっさいニコラス二世に具備されていた。そのうえマリー・アントワネットのルイ十六世に対する有害な影響力以上のものを、ツァーリは皇后から受け取っていた。フランス革命とロシア革命とが一世紀半をへだてて、同質同型の君主を敵手としてもったことは興味深い。

ニコラス二世は歴史をふりかえってみても最劣等の君主であったが、妻子に対しては善良な夫であり父であった。最悪の事態に直面して、彼が最も心配したのは、ツァルスコエ・セロ宮殿にある妻と子供たちの運命であった。彼は十二日夜特別列車によって、ツァルスコエ・セロに帰ろうとしたが、途中でペトログラード・ソヴィエトの指令によって列車を抑留され、やむを得ずプスコフにとどまった。ツァーリはまたイワノフ将軍に近衛師団を率いさせてペトログラードへ進撃させたが、将軍の不決断のせいもあって、革命に加担した部隊にさえぎられ、目的を達せずして終わった。

この間に首都の形勢はまったく決定的なものとなり、政府は完全に機能を停止し、権力は一九〇五年の例によって結成された労働者および兵士ソヴィエトの手中に落ちた。臨時議会委員会は、ツァーリの頑迷と不決断によって、立憲君主制すらが絶望となり、労働者および兵士ソヴィエトが政権を掌握するおそれのあることを憂慮した。もしそんなことになれば戦争遂行が不可能となり、コンスタンチノープルや海峡が入手できなくなることはもとより、ブルジョアジーの地位すら危険となろう。一刻も猶予できない、というわけで三月十五日グチコフとシューリギンとが臨時議会委員会を代表してプスコフに行って、ニコラス二世に退位を要求した。皇后とラスプーチンとの関係で悪名高いニコラス二世の犠牲において、ロマノフ王朝とブルジョアジーを救おうという構想である。

ニコラス二世は両人を引見して、退位を承諾した。彼はその際も善良な父として皇太子に危険な責任を負わせるに忍びず、帝位を皇弟ミハエル大公に譲った。しかしミハエル大公は四囲の情勢にてらして、国民の意志によって推挙されるのでなければ、ツァーリとなることはできないとして辞退した。ツァーリズムは腐敗した果実のように、もろくも転落してしまった。全世界の反動勢力の温床であり、アジア的専制の本尊であったロマノフ王朝はペトログラード労働者の前に降伏したのである。ロシア暦の二月革命は実に一九〇五年の革命なしには考えられない。二月革命は一九〇五年の継続であり完成であった。*26

ニコラス二世の退位と同時に議会とソヴィエトとの妥協合作によって臨時政府が組織された。首相は地方自治体連合会長リボフ公であり、立憲民主党からはミリューコフが外務大臣に、十月党からはグチコフが陸海軍大臣に、ソヴィエトを代表してケレンスキーが司法大臣にそれぞれ入閣した。二月革命によってただちに労働者および農民の政府ができあがらないで、自由主義ブルジョアジーが政権を獲得したのは、メンシェヴィキと社会革命党がみずから政権を担当する気魄がなく、ブルジョアジーに政権を与えたからであった。

臨時政府は自由主義ブルジョアジーを代表する議会と、労働者および農民の民主主義を代表するソヴィエトとの支持を得ていたから一見強固な地盤の上に立っているように見えたが、実際はまったく弱体であった。陸海軍大臣グチコフが、鉄道従業員を前にしての演説で「ミハエル皇弟万歳」と口をすべらして、危うく暴行を加えられようとした[*27]ことは、新政権と革命運動との関係を最も雄弁に物語っている。

二月革命前夜において、上からの「革命」と下からの「革命」とが交差していたことについてはすでに述べた。二月革命に点火し、これを拡大し、これを成功に導いたものはペトログラードの餓えた労働者であり、これに同情し共感し、ついに加担した農民出身の兵士であった。要するに虐げられ、抑圧された民衆の堪忍袋の緒が切れて、ツァーリズムを打倒してしまったわけで、そこには革命政党側の指導や統制はほとんど見られなかった。社会革命党、メンシェヴィキはもとより、ボリシェヴィキまでが革命のイニシアチブをとることができず、民衆の自発的行動に引きずられていた。したがってソヴィエトが結成されたとき、中央執行委員に就任した指導者たちは、単に従来の革命運動のボスとしてその地位に選ばれたのにすぎず、真に二月革命の原動力である革命的民衆を代表したとはいいがたかった。単に兵士は農民の伝統によって社会革命党を、労働者は漫然とメンシェヴィキを支持したというだけであった。[*28]したがって臨時政府はソヴィエトの支持を得、その中央執行委員ケレンスキーを入閣させていたにもかかわらず、二月革命の底流ないし推進力からはまったく遊離していた。

それでは何ゆえに革命運動はみずからの真の代表者をソヴィエトの最高幹部に選任しなかったか？　これにはそれ相当の根拠があった。第一に最も革命的な、いなただ一つ革命的な政党であるボリシェヴィキは、開戦と同時に壊滅的な打撃を受けてロシア国内では二月革命に至るまでほとんど半死半生の状態であった。ボリシェヴィキの革命精神は、帝国主義戦争に対する首尾一貫した反対と、レーニンのスイスにおける理論的活動とによって、明らかに他日爆発すべきことを約束していたが、二月革命には間に合わなかった。党の組織は支離滅裂であり、幹部はほとんど自由を奪われていた。レーニンやジノーヴィエフは国外にあったし、カーメネフをはじめスターリンやスベルドロフはシベリアに流刑されていた。

第二には一九〇五年の革命によって鍛えられたプロレタリアートの前衛は大部分応召して、前線にあり、その空隙を埋めていた青年層は多く農民出身で、思想的に著しく立ち遅れていた。

右のような二つの理由からボリシェヴィキは二月革命を指導することができず、またソヴィエトの中央執行委員会において多数を占めることもできなかった。このようにしてソヴィエトは社会革命党とメンシェヴィキとによって実権を掌握され、臨時政権においてソヴィエトを代表したのは社会革命党のケレンスキーとなったわけである。ボリシェヴィキは二月革命によってはじめて活動の自由を与えられ、ただちにペトログラードに『プラウダ』を、モスクワに『社会民主主義者』をそれぞれ発行して、党勢の拡充に着手したばかりであった。

このようにソヴィエトは当時のロシア民衆の思想的水準を正確に反映していたが、二月革命の革命的精神を表現してはいなかった。ここに革命運動の底流ないし推進力とソヴィエトとの矛盾とへだたりの根本的原因があった。この矛盾とへだたりが当然に臨時政権の革命運動からの遊離を招来せずにはおかなかったことはいうまでもない。この臨時政権の弱体性は、五月一日外務大臣ミリューコフが協商国に対して、革命ロシアは最後の勝利を獲得するまで戦争を完遂すべきことと、協商国に対するツァーリ政権の条約上の義務をいっさい承継する旨を誓約したことによって白日のもとにさらされることとなった。戦争継続に絶対に反対し、戦争反対を革命の最も重要な目的と考えていたペトログラードの労働者ならびに兵士は、ただちに臨時政権が革命を裏切るものであることを直感して、臨時政府の打倒へと決起した。

二月革命後におけるロシア政局の混沌は通常臨時政府とソヴィエトとの二重権力に基づくものと考えられている。すなわち臨時政府は自由主義ブルジョアジーとその右にある貴族、大地主、いっさいの反動勢力を代表し、ソヴィエトは労働者および農民の革命的勢力を代表し、この二つの権力が対立し抗争したところに、二月革命から十月革命に至る中間期の本質が存するというのである。*29

この見解はしかしながらきわめて皮相的である。なぜならば、ソヴィエト自体が、革命運動を代表していなかったからである。問題は実に二月革命を遂行した革命的労働者および兵士農民の意識における混迷にあったというべきである。彼らは自分たちが本来何を欲しているのかを正確に意識し、表現することが未だできなかったのである。この本能的な、無意識的な革命精神と、意識的な思想水準とのへだたりと矛盾にいっさいの根本的原因があった。二月革命の革命精神を真に体現すべき政党ボリシェヴィキは未だ再生の過程にあった。ボリシェヴィキが真の革命政党として脱皮し、再生するまでは二月革命の底流ないし推進力はいたずらに空転していた。これが一見臨時政府とソヴィエトとの二重権力であるかのような外観を呈した理由である。

二月革命後の情勢を表現すれば、二重権力ではなくして三重権力であると言わねばならない。第一には自由主義ブルジョアジーとその背後にかくれて勢力の温存を図ろうとする貴族、大地主、軍閥、官僚などいっさいの反動勢力がある。これを代表するものはいうまでもなく臨時政府である。第二にはソヴィエトがある。そこには社会革命党とメンシェヴィキが代表されており、反動勢力と革命運動との中間に立って、政府がはなはだしく反動化することを妨げるとともに、革命がはなはだしく革命的となることを防ごうとしている。第三にはペトログラードの労働者および兵士たちがある。彼らは高度の革命精神と膨大な革命的エネルギーを蔵しているが、未だみずからが何を欲しているかを知らない。この第三の勢力に、明確な革命理論と卓抜な革命戦略および戦術を与えることのできるものこそ、二月革命を完成し、ロシア革命を仕上げるものである。レーニンは四月十六日、ロシアに復帰して、この偉大な任務の遂行に着手した。

4　四月テーゼ

一九一七年四月十六日、レーニンがルーデンドルフ将軍の封緘列車を利用してロシアに帰ったとき、彼の前には本格的な課題に取りかかるために至急解決すべき最も困難な仕事が待ち受けていた。民衆の自発的行動によって、いわば盲目的に勃発した二月革命に、確固とした方向を与え、大地主、貴族、軍閥、官僚、ブルジョアジーの支配をなくして、ロシア国民を解放するという本格的課題に進む前に彼自身の党、すなわちボリシェヴィキを根底から装備しかえなければならなかった。二月革命からレーニンの帰着までの一ヵ月間に、ボリシェヴィキは合法政党として急速に党勢を拡大し、党組織を整備していたが、党の指導原理は支離滅裂であって、一部の幹部はメンシェヴィキとの合同を熱心に主張する有様であった。*30

それでは二月革命直後におけるボリシェヴィキの思想的混乱は何に基づいたか？　それ

はレーニンの不在からきたものであった。レーニンは一九〇五年以来ふたたび亡命生活を続けており、数年に一回外国で開催される党の大会において国内のボリシェヴィキ指導者と面接したにすぎなかった。さらに戦争中の通信困難や、国内指導者の流刑などのため、レーニンが第一次大戦勃発以来、新情勢に即応して展開した革命理論、すなわち帝国主義論と、帝国主義戦争における党の戦略戦術は、ボリシェヴィキ党に徹底していなかった。

特にレーニンが、帝国主義戦争と世界革命とを鋭く対置させて、帝国主義戦争に協力する社会主義党派との連立を断固排撃したことは、国内のボリシェヴィキには納得できなかった。国内のボリシェヴィキは、一九〇五年のレーニン主義、すなわちいっさいの民主主義党派との連立政権を主張する戦略を今なお固守していた。一九一五年ツィンメルワルト会議後レーニンが起草した『若干のテーゼ』に含まれていたレーニン主義の新戦略は、ロシア国内のボリシェヴィキには無関係であった。

レーニンの帰着前にボリシェヴィキを率いていたのはカーメネフであった。彼は一九一四年大戦勃発と同時にシベリアへ流刑され、二月革命後ただちにペトログラードへ帰ってプラウダ紙を発刊して党の指導に当たった。彼は名前の示すように石頭であって、一九〇五年のボリシェヴィズムを一歩も出ることができなかった。カーメネフによれば、ボリシェヴィキは社会革命党とメンシェヴィキと提携して労働者と農民との民主的独裁を遂行すべきであり、そのためにはメンシェヴィキとの合同もかまわないと考えた。

レーニンがロシアに帰って党の指導権を掌握したとき、彼の立場はまったく孤独であった。帝国主義戦争に協力した社会革命党ならびにメンシェヴィキとの提携をきびしく拒否して、ボリシェヴィキ一党でもって政権を獲得するというレーニンの戦略思想はカーメネフ、ルイコフ以下党幹部の大半によって猛烈に反対された。それはいたずらにボリシェヴィキを孤立させるばかりで、成功の公算に乏しいというのである。

レーニンは古いボリシェヴィキ指導者を、新しい情勢に適応させるために、ペトログラード到着後ただちに十ヵ条のテーゼを書いて、プラウダに掲載した。この四月テーゼは、二月革命の混沌たる政局に対する、レーニンの鋭い分析と、これに基づく第二の革命に関する戦略と戦術とをえぐり出したものとして注目される。*31

第一のテーゼはツァーリ打倒後においても、帝国主義戦争は依然として続けられていることを指摘し、戦争遂行には断固反対すべきことを説いている。臨時政府はツァーリズム没落後の戦争を祖国防衛の戦争と主張し、依然戦争継続を企図していた。というのはミリューコフやグチコフにとっては、ツァーリズム打倒は協商側と提携を固くして帝国主義戦争を完遂するための手段であり、コンスタンチノープルと海峡とがツァーリ廃位の窮極の目標であったのであるから、戦争をやめることができないことはあまりにも明らかである。また社会革命党やメンシェヴィキは平和を欲していたが、それは全交戦国が無併合無賠償の条件で講和する場合に限り、ロシアだけがドイツと単独講和することは、ドイツ軍国主義への屈伏以外の何物でもないとした。これは彼らが帝国主義戦争に協力した当然の結果である。要するにボリシェヴィキ以外の諸党派はロシア民衆の渇望する平和を与えることはできないというわけであった。レーニンはロシア民衆の希望をはっきりと把握し、ボリシェヴィキが無条件に戦争反対政策をとることによって、政権掌握の鍵を握ることができるものと考えた。

第二のテーゼでレーニンは、革命の第一段階から第二段階へ前進すべきことを説き、ついで第三ないし第五のテーゼにおいて、臨時政権が民衆に何物をも与えることができないことを曝露すべきことを説いた後労働者、農民および兵士のソヴィエトだけが唯一のきたるべき政治形態であると断定し、ソヴィエト制からブルジョア議会制へ復帰することは反革命的であるとして、憲法制定会議の召集に反対した。レーニンはまたボリシェヴィキがソヴィエトで少数派であることを指摘し、民衆が社会革命党やメンシェヴィキを支持しているのは、民衆が自分自身の意欲を真に意識できない錯誤に基づくものであるから、ボリシェヴィキは根気よく民衆に彼らの錯誤を自覚させて、民衆が自分たちの本当の代表者はボリシェヴィキ以外にないことを認識するように努力することを教える。

第六のテーゼは大土地所有の没収を説き、第七と第八のテーゼは銀行を単一の国立銀行に合同して、これをソヴィエトの管理下におくこと、生産ならびに分配をソヴィエトによって統制することを主張する。レーニンがここで社会主義の導入は当面の課題となることはできないとして、生産分配の統制だけで足るとしていることは、ロシアは社会主義実現のための条件を未だ具備していないという認識からくる当然の帰結であるが、すこぶる注目すべきである。

第九のテーゼはボリシェヴィキの大会を至急召集すべきこと、党名を社会民主党から共産党へ変更すべきことを説いている。これははなはだ興味深い点で、レーニンが第二インターナショナルの崩壊に憤激して、第二インターナショナルを象徴する社会民主党という名称から、原始マルクス主義、すなわち共産主義者同盟を象徴する共産党という党名に復帰しようとするわけである。レーニン主義の原始マルクス主義に対する関係にてらして注目すべきである。

第十のテーゼは第三インターナショナルの創設を説いている。

四月テーゼは、一九一五年のテーゼをさらに発展させたもので、ソヴィエトをはじめて将来の政治形態として把握し、ソヴィエトにおいてボリシェヴィキが支配権を獲得することによって、革命を完成しようとしているところが最も重要であり、次に銀行の合同とソヴィエト管理、生産分配のソヴィエト統制を主張して、表面社会主義の導入に反対しながら、明白に社会主義への第一歩を踏み出した点が重要である。帝国主義戦争絶対反対については一九一五年のテーゼ以来一貫して変わらない。ここで注意すべきは、二月革命によって与えられた党の合法的地位と、ソヴィエトの情勢とにかんがみて、暴力手段による政権掌握を排し、もっぱら合法的平和的な手段、すなわちソヴィエトに代表されている労働者、農民、兵士、大衆の啓蒙と説得とによって、ソヴィエトを通じて権力を獲得しようとしている点である。[*32]

四月テーゼの第九条によって、五月七日、歴史的な党協議会が開催され、八万人の党員を代表する一五一名の幹部が参集した。大会においては依然カーメネフ、ルイコフなど古い最高幹部の反対が強かったが、スターリンのように無条件かつ盲目的にレーニンを支持する幹部も多かったので、ようやくレーニンの四月テーゼは党の指導方針として確認され「戦争絶対反対」、「いっさいの権力をソヴィエトへ」、「土地を農民へ」などが党のスローガンとして決定された。

レーニンの四月テーゼは党協議会で採用されたが、党の最高幹部の新しいレーニン主義への頭の切り換えはなかなか容易でなかった。[*33]カーメネフの石頭はもとより、亡命中レーニンと終始行動をともにしたジノーヴィエフまでが、レーニンを離れてカーメネフに接近する有様であった。ボリシェヴィキ党を二月革命後の新情勢に即応して装備しかえ、再編成することはレーニンの権威をもっても至難であった。ところがレーニンにとって意外な援軍が五月に遥かニューヨークから到着した。それはトロツキーである。[*34]

トロツキーは一九〇三年以来、ボリシェヴィキとメンシェヴィキとの中間の立場をとってきた。彼をレーニンから分離したものは、党の組織論と農民問題とであった。トロツキーは大衆の自発性にいっそう重点をおき、党を職業的革命家にだけ独占させることに反対した。さらに彼は農民の革命性を信ぜず、したがってプロレタリアートと農民との同盟による民主主義的独裁の思想を非現実的であると考えた。彼はこの二つの点でローザの西欧共産主義と一致していたわけである。トロッキーはこの見解から出発して、ロシアのプロレタリアートは政権を握るとすぐに、一路社会主義革命へ邁進すべきものと結論した。この場合ロシアにおいて社会主義実現への条件が未熟であるという困難を西欧における社会主義革命との連結によって克服しようとした。このようにしてトロッキズムは二月革命まではレーニン主義と同調することができなかったが、二月革命はレーニンとトロッキーとの障壁を除去した。

第一に二月革命によって、ツァーリズムが打倒され、臨時政府が成立すると、社会革命党とメンシェヴィキは臨時政府に加担して反革命性を曝露し、民主主義的独裁を実現不可能なものとした。今やプロレタリアートの独裁だけが革命を救うことができることが明白となったから、レーニンとトロッキーとはこの点で完全に一致した。

第二にレーニンは社会主義の導入に反対しているが、政権獲得後とるべき当面の対策については、トロッキーとまったく同一で、両者の相違は単にトロッキーが論理的に世界革命を前提としているのに対して、レーニンは必ずしも世界革命なしにはロシア革命が絶望的であるとは考えていない点だけである。

このようにしてトロツキーが五月ロシアに帰着したとき、四月テーゼに対し完全な同意を示し、レーニンと協力することとなった。彼の正式入党は七月の党大会に持ち越されたが、五月以後、レーニンが最も信頼し、最も重用した革命の伴侶はトロツキーであった。カーメネフ、ジノーヴィエフなどの古いボリシェヴィキが、新情勢に即応して頭を切り換えられなかったことは、レーニンとトロツキーとの提携をいっそう緊密なものとした。トロツキーのもとには多数の同志がいたわけではなかったが、彼の革命家としての天分、その雄弁と組織力と実行力、何よりも新しい情勢を把握していく創造的知性において彼の入党はボリシェヴィキの戦時編成を完成させたものと言える。なお彼とともに、少数ではあるが、しかし有為の革命家がボリシェヴィキに参加したことも忘れてはならない。チチェリン、ウリツキー、ヨッフェ、ユレネフ*35などがそれである。

5 ボリシェヴィキ政権

臨時政府は早くも戦争継続政策で正体を曝露したことについてはすでに述べた。外相ミリューコフはダーダネルスのミリューコフと呼ばれるほど熱心な侵略主義者であることは周知の事実であったが、彼が協商国に対して、戦争の完遂を誓ったという報道が伝わると、裏切られた民衆は果然激昂した。彼らは翌五月二日から三日にかけて「戦争反対」、「いっさいの権力をソヴィエトへ」のスローガンを掲げて、一大示威運動を開始した。デモ参加者はペトログラードだけで十万人をこえ、モスクワその他全国に蔓延する形勢を示した。[*36]
臨時政府に代表されているロシアのブルジョア階級は政権獲得後、わずか五十日間で命数が尽き果てた。彼らはメンシェヴィキと社会革命党指導者の謙譲というよりは臆病から二月革命の成果を横領することができたが、政権を獲得した瞬間から極端な反動性を露呈した。西ヨーロッパのブルジョアジーがかつて示したような進歩性や、革命的エネルギーは少しも無かった。土地問題の解決すら手をつけることができず、戦争遂行問題でははっきりと侵略主義の本性をあらわした。このようにしてロシアの自由主義ブルジョアジーは、政権を担当した五十日間に、ツァーリズムよりも全然進歩的でないことを身をもって実証した。平和を求め、土地を欲している民衆が、臨時政府を猛然と攻撃し始めたことはむしろ当然であるといわねばならない。

ここにおいて臨時政府は非難攻撃の的となっているミリューコフとグチコフとを罷免し、ソヴィエトとの連立を一段と強化することとした。ソヴィエトでは、ボリシェヴィキが自由主義ブルジョアジーとの連立に反対しただけで、社会革命党とメンシェヴィキは圧倒的多数をもって連立政策を支持し、ここにメンシェヴィキからはスコベリエフとツェレテリ、社会革命党からはチェルノフとケレンスキーが入閣することとなった。首相リボフ公はそのまま動かず、ケレンスキーがグチコフの後を襲って陸海軍大臣に就任した。しかし大臣十五名の中ソヴィエト側は六名を占めたにすぎなかった。[*37]ソヴィエトがこの時においてもなお単独で政権を獲得することはおろか、連立政権の支配権を掌握することすらあえてできなかったのは、社会革命党とメンシェヴィキとの脆弱性を示すものとして興味が深い。彼らは依然として、ブルジョア革命はブルジョアの手でという信念を捨てることができなかったのである。

その間に臨時政府は協商国に対する約束の履行を迫られた。彼らはロシア軍の装備、補給および士気の実情が到底本格的攻勢をとることを許さないのに気がつかないわけではなかったが、ついに七月一日を期して夏季攻勢を開始することを決意した。フランス革命が革命戦争をもったように、ロシア革命も革命戦争をもつべきだというのが、ケレンスキー一派の誇大妄想であり、ドイツに対する攻勢を利用して軍規を再建し、ツァーリズム復活への手がかりをつかもうというのが自由主義ブルジョアジーとその背後にかくれるいっさいの反動勢力の魂胆であった。[*38]

臨時政府の攻勢計画に対して、ボリシェヴィキは「戦争絶対反対」のスローガンのもとに果敢な政府攻撃を開始した。ボリシェヴィキの活動は軍隊、特に前線と後方の補給基地との獲得とに集中された。兵士ソヴィエトはすでに全軍に普及していたが、農民出身者が圧倒的多数を占めていた関係上、農村に確固たる地盤をもつ社会革命党が兵士ソヴィエトを支配していた。このようにして前線ではツァーリズムの将校団と兵士ソヴィエトが対立していたわけであるが、社会革命党が臨時政府の戦争継続政策を支持している限り、将校団と兵士ソヴィエトとの関係はともかくも決裂には至らなかった。

もちろん前線の兵士たちは一日も早く戦争が終了して、家郷へ復帰できることを望んでいたから、随所に将校と兵士との間に衝突が起こった。戦争中兵士に苛酷な懲戒を加え、みずからは酒色にふけっていたツァーリズムの将校たちは、革命によってはじめてみずからの力を自覚した兵士たちに暴行を加えられた。ツァーリズムの軍隊は、ツァーリズムの縮図であり、将校団と兵士との間には、貴族と農奴との関係がそのまま投影していたから、このことはむしろ当然であったといえる。しかしロシアの農民が、したがって農民出身の兵士たちが社会革命党の指導に盲従している間は、将校と兵士との衝突は散発的な事件にとどまって、本格的な軍の解体にまでは進まなかった。

ところが社会革命党がツァーリズムの戦争政策を承継し、平和を与えないばかりか、農民の渇望する土地を与える意志も能力ももたないことがしだいに明白になると、兵士たちはいよいよ動揺し始めた。彼らはしだいに社会革命党の影響を脱して、戦争反対政策を堅持する唯一の政党であるボリシェヴィキに移行し始めた。*39

臨時政府はこの情勢に愕然とした。ボリシェヴィキの軍隊内における破壊活動に対抗するためには、社会革命党を中心にした臨時政府はますます右傾し、貴族、軍閥、官僚、ブルジョアジーなどツァーリズムの残党に依存せざるを得なくなってきた。したがって軍隊内においては、社会革命党と高級将校とが接近することとなったわけである。このようにしてレーニンが一九一五年のテーゼにおいて予言したとおりの情勢、すなわち社会主義陣営内の戦争協力派が政権を掌握する時は、必然的にツァーリズムの戦争政策の呪縛に陥り、好むと好まざるとを問わずツァーリズムの代弁者と化するという情勢が文字どおり実現された。今やロシアには戦争遂行か、戦争反対かという一線をもって画される二つの陣営が、そして二つの陣営だけが対立していることが明らかとなってきた。一方はいうまでもなく臨時政府によって具現され、社会革命党とメンシェヴィキとが表面に立っているが、彼らはいちじくの葉にすぎず、その背後にはカデット、十月党、軍閥、官僚、貴族、換言すればツァーリズムの残党が控えている。他方はもちろんボリシェヴィキである。ボリシェヴィキはすでにペトログラードの革命的労働者階級をほぼ完全に掌握していたが、農村と地方都市とは社会革命党とメンシェヴィキの手中にあった。六月十六日ペトログラードに参集した第一回ロシア・ソヴィエト大会は八対一の圧倒的多数で政府の戦争政策を支持したのはその結果である。

七月一日に開始された攻勢は、この意味において、臨時政府のボリシェヴィキに対する挑戦であった。攻勢の準備は、軍隊内の秩序回復、軍紀粛正の口実となり、革命的な兵士たちは軍法会議にかけられ、銃殺刑に処せられた。進んでは、戦争に反対するボリシェヴィキは、ドイツのスパイであるという誹謗が巧妙に利用された。レーニンがドイツ軍参謀本部の用意した封緘列車でロシアへ帰ったことは、臨時政府に絶好無比の口実を与えたことはいうまでもない。ブルシロフ、デーニキン、コルニロフなど後日内乱に活動する最も反動的な将軍たちは、攻勢をツァーリズム復帰への機会としようと陰謀をめぐらしていた。ジャコバン党気取りのドン・キホーテ、ケレンスキー陸相は、攻勢実施の七月一日をもってロシア革命の大祭日であると怪気焔をあげていたことは笑うべきである。

攻勢開始後二、三日経過すると、夏季攻勢がまったく失敗に終わるであろうことが何びとの眼にも明白となった。将軍たちや、政府の要人、さては協商国の軍事使節団の懸命な努力にもかかわらず、兵士たちには戦意がなかった。さらに攻撃作戦に必要な補給がまったく欠けており、奇蹟以外にこの攻勢を成功させるものはあり得なかった。当初、若干進出したロシア軍の戦線は、たちまち反撃によって粉砕され、兵士たちは散々にうちのめされた。ボリシェヴィキが未だ遂行することのできなかったツァーリズムの軍隊の完全な解体は、今や、ケレンスキーの夏季攻勢によって実現されるという皮肉な結果を招いた。

臨時政府の攻勢計画と、その惨澹たる失敗とに激昂したロシア民衆は急速に左傾していった。労働者はメンシェヴィキを、農民ならびに兵士は社会革命党を去って、滔々として唯一の革命的政党であるボリシェヴィキへ、戦争遂行に首尾一貫して反対し、ツァーリズムと臨時政府に対して徹底的に抗争してきたレーニンのもとへと馳せ参じた。

攻勢が失敗に帰したことが判明するやいなや、ペトログラードの民衆は、七月十六日自然発生的に一大示威運動を開始した。彼らのスローガンは、「戦争反対」であり、「政府打倒」であり、「いっさいの権力をソヴィエトへ」であって、これは要するにボリシェヴィキのものであった。ボリシェヴィキは軍隊内の工作が未だ十分進行しておらず、ペトログラード以外の都市および農村が未だ社会革命党やメンシェヴィキの影響下にあったのにかんがみ、武装蜂起は時期尚早であると判断したが、大衆の自発的行動に引きずられ、やむなく、これを支持することとした。しかし党の憂慮したとおり、臨時政府は前線から信頼できる部隊を移送して、ペトログラードの騒乱を鎮定することができた。いな、臨時政府はこの七月危機を逆用して、ボリシェヴィキに鉄槌を加えようと、ボリシェヴィキはドイツのスパイであるというデマを流布して、無知な民衆をあざむき、ボリシェヴィキに対して徹底的な弾圧を開始した。まず党の機関紙プラウダの発行所が破壊され、プラウダ以下すべての党の発行物は禁止され、随所に結成されていた武装労働者による赤衛軍は解散させられた。七月二十日にはレーニンに逮捕令がくだり、彼はふたたびフィンランドへ亡命しなければならなかった。*40

七月事件の結果ボリシェヴィキ党はふたたび非合法政党となり、地下にもぐることを余儀なくされた。臨時政府は新情勢に備えて、ふたたび内閣改造を断行し、リボフ公に代わって社会革命党のケレンスキーが首相に就任し、立憲民主党出身の閣僚は大部分辞任した。ケレンスキー内閣はソヴィエトの確固たる支持を得て、ここに三月以来の政府とソヴィエトとのいわゆる二重権力は一応消滅した。いな政府とソヴィエトと革命運動との三重権力が、今や政府およびソヴィエトとボリシェヴィキとの決闘に転化したのである。*41ソヴィエトを支配する社会革命党とメンシェヴィキとに支持されたケレンスキー内閣は、ボリシェヴィキと決戦する前に、新たな強敵と対決しなければならなかった。夏季攻勢の準備に伴う高級将校の権威回復と、七月事件によるボリシェヴィキの敗退とは、ツァーリズムの将軍たちにいったん失われた自信を回復させた。彼らはこの機会に乗じて、一挙にケレンスキー政権を打倒し、帝政に復帰しようと企図した。この陰謀の主役を演ずることとなったのは、反動の巨頭コルニロフ将軍であった。彼は二月革命の半周年記念日に、ボリシェヴィキが暴動を企図しているとのデマを飛ばし、この暴動を弾圧するためと称して、兵力を集め、九月七日クルイモフ将軍の第三騎兵軍団をペトログラードに進撃させた。

この情勢にあわてたケレンスキーは、ボリシェヴィキの援助を求め、ボリシェヴィキも二月革命を反動勢力から守るためによろこんでこれに協力し、最も精力的にコルニロフの陰謀打倒に奮闘した。ボリシェヴィキは武装労働者をもって赤衛軍を組織するかたわら、コルニロフのクーデターがツァーリズムの圧制を復活しようとする純然たる反革命の陰謀であることを曝露した。ボリシェヴィキの果敢な活動は、ペトログラード市内の反革命派が、コルニロフのクーデターに呼応することをさまたげたばかりか、クルイモフ将軍の配下の部隊から大量の脱走兵を出すこととなった。さらにボリシェヴィキの指令により、最も革命的なクロンシュタットの水兵部隊がペトログラードの救援に来着した。このようにしてコルニロフの陰謀はみごとに失敗に帰し、彼は捕らえられ、クルイモフは自殺した。[*42]コルニロフ将軍の反乱が、もっぱらボリシェヴィキの精力的な闘争によって打倒されたことは、ボリシェヴィキが七月事件において受けた打撃からたち直ったばかりか、ボリシェヴィキの党勢を飛躍的に強化し、二ヵ月後における同党の勝利を決定的にした。ここでひるがえって、七月事件後におけるボリシェヴィキの情勢を検討しなければならない。

ボリシェヴィキは二月革命後、合法活動が許されることとなったので、レーニンの四月テーゼに基づき、四月末の党協議会で合法戦術による革命運動を行うこととなったことはすでに述べた。その要領は、労働者、農民および兵士大衆に対する宣伝と説得とによって、ソヴィエトにおいて多数を獲得し、いっさいの権力をソヴィエトに移すことによって、政権を獲得しようとする点にあった。ところが今や七月事件によって、党はふたたび合法的存在を奪われ、もっぱら地下工作に依存せざるを得ないこととなった。ここにおいてボリシェヴィキはそれ以後もっぱら暴力によって政権を奪取することに専念することになる。

八月八日から八月十六日にかけて、ボリシェヴィキは党大会を開いて暴力革命の戦略と戦術とを審議した。[*43]党員はすでに二十四万人をかぞえていたが、これを代表する二百八十五名の代表が参集し、レーニンの暴力革命政策を決議した。この大会で選出された中央委員は、レーニン（一三三票）、ジノーヴィエフ（一三二票）、カーメネフ（一三一票）、トロツキー（一三一票）、ノーギン、コロンタイ、スターリン、スベルドロフ、ルイコフ、ブハーリン、アルテム、ヨッフェ、ウリツキー、ミリューチン、ロモフであった。レーニンはこの大会に出席できなかったが、彼は書面を通じて明確に、党は労働者の武装と軍隊の獲得とによる暴力革命によって政権を奪取すべきこと、党は今後この暴力革命の準備に専念すべきこと、そして行動開始の時期は、ボリシェヴィキがペトログラードとモスクワのソヴィエトにおいて多数を占める時であることを指示した。*44

コルニロフの反乱は、レーニンの意図した暴力革命の条件をすみやかに成熟させることとなった。コルニロフの反乱が鎮定された翌八月三十一日には、ペトログラードのソヴィエトが改選され、ボリシェヴィキが二七九対一一五で多数を獲得した。チュヘイゼ議長以下メンシェヴィキ派の幹部は総退陣し、七月事件による逮捕から釈放されたばかりのトロツキーがボリシェヴィキを代表して議長席についた。九月十八日にはモスクワもこれにならい、ボリシェヴィキが三五五対二五四の多数を獲得した。*45 軍隊内の空気も急速に左傾し、兵士ソヴィエトの九〇％がボリシェヴィキを支持することになってきた。革命運動の大衆は今や自己の意欲をはっきり自覚し始め、ボリシェヴィキが民衆の革命精神を体現する唯一の政党であることを認識することとなった。革命の底流ないし推進力は、ボリシェヴィキ党を通じてロシアの二つの首都ペトログラードとモスクワとのソヴィエトを掌握した。

今やレーニンの暴力革命への前提条件は充足された。レーニンはおりから『国家と革命』を執筆しながら、ボリシェヴィキへ暴力革命の実行を矢のように催促し始めた。

ボリシェヴィキの大都市における急激な進出は、臨時政府を一段と焦慮させた。ケレンスキー政権はメンシェヴィキと社会革命党との合作であったが、その主柱は社会革命党にあったことはいうまでもない。ところがケレンスキー政権は土地問題に一指も触れることができず、いっさいの国内改革をきたるべき憲法制定会議にゆだねて無為にすごした。しかも彼はこの憲法制定会議の召集をなぜか躊躇し、遅延することによって貴重な時を失った。これはケレンスキーの政治的無能に基づくことはもちろんであるが、根本は社会革命党自体の欠陥からきていた。社会革命党はナロードニキ時代以来、ツァーリズムに対するテロ攻撃には英雄的な革命精神を発揮したが、革命に関して何ら具体的な綱領を持ち合せなかったから、いったん政権を握るとたちまち馬脚をあらわし始めた。なかんずく農村に地盤をもつ同党にとっては、土地政策に関する無為は致命的であった。農民はしだいにケレンスキー政権と社会革命党から離れてボリシェヴィキへ移行し始めた。社会革命党の党内においても、左翼が分離して、ボリシェヴィキへ接近し始めた。この党の分解作用はメンシェヴィキにも現れ、マルトフの率いる一派はメンシェヴィキから分離してボリシェヴィキとの中間派を形成した。

ケレンスキーはこの情勢にあわてて、九月二十五日、社会主義政党、ソヴィエト、労働組合、ゼムストボなどより全国民主協議会を召集した。[*46] この協議会をもってきたるべき憲法制定会議まで議会の代用をつとめさせ、これを背景としてボリシェヴィキの攻勢から臨時政府を防衛しようという含みであったことはもちろんである。

ボリシェヴィキ党内では、この予備議会に参加すべきであるかどうかについて意見の対立をきたした。トロツキーは断然これをボイコットすべきことを主張して、ついに初志を貫徹したが、[*47] カーメネフとジノーヴィエフとは民主主義的独裁の悪夢がさめず、予備議会に参加しない時は、ボリシェヴィキはいたずらに孤立するばかりであるとして強硬に予備議会への参加を唱えて譲らなかった。四月テーゼに対する古いボリシェヴィキの反対は九月になっても依然解消していなかったことが知られよう。

このような党内の情勢では、フィンランドの亡命先から矢のように到着するレーニンの武装蜂起の催促に応じられなかったことは当然であった。レーニンはいてもたってもいられなかった。しかし革命は決して渋滞してはいなかった。ペトログラードのソヴィエトは、政府が予備議会によって、ソヴィエトを無視し排撃しようと企図していることに憤激して、十月四日の会議において、第二回全ロシア・ソヴィエト大会を一ヵ月後に召集すべきことを決議した。本来六月の第一回大会において、三ヵ月に一回ずつ大会を開催することが決議されていたのであるから、ペトログラードのソヴィエトの要求は完全に合法的であった。しかしこの第二回ソヴィエト大会においては、ボリシェヴィキ化したペトログラードのソヴィエトが、いっさいの権力をソヴィエトに収めるべき旨の動議を提起することはほとんど確実であったから、そしてこのことは臨時政府の終わりを意味するものであったから、ケレンスキーは大いにあせった。
彼は臨時政権を維持するためには、第二回ソヴィエト大会の開催される日に、ペトログラードの軍事的な支配権を確保することが絶対に必要であると考えた。ペトログラードの部隊は当時全部ボリシェヴィキに傾いており、去る七月事件に際してケレンスキーが前線から招いた最も信頼すべき部隊までボリシェヴィキの手中にあった。そこでケレンスキーはペトログラードの部隊を前線に派遣することを命じたが、各部隊のソヴィエトは頑としてこれを承諾しない。いな、承諾しないばかりか、ペトログラードのソヴィエトと緊密に提携して、暴力革命への準備工作に着手した。
すなわちペトログラードのソヴィエトは十月二十二日軍事革命委員会の創設を決議し、ペトログラードの全部隊に対する統帥権をこの委員会に一任しようとした。軍事革命委員会は十一月二日トロツキーのもとに、スベルドロフ、ポドボイスキー、アントノフ・オブセイエンコ、ラーシェビッチ、サドブスキー、メホノシンをもって構成された。[*48]
レーニンは十月二十日、ボリシェヴィキ党の中央委員会が暴力革命について確固たる決定をすることができないのに業をにやし、ひそかにペトログラードに入った。彼を迎えて二十三日に歴史的な中央委員会が開催された。レーニンは国際情勢、軍事情勢、国民心理の情勢、ならびに臨時政府側の情勢という四つの条件を的確に分析して、即時、一刻の猶予もなく武装蜂起を開始すべきことを説いた。[*49] 彼の立論は例によってすこぶる精緻冷徹かつ放胆であった。

第一に国際情勢は、ドイツにおけるキール軍港の反乱事件によって、世界革命が切迫していることを明らかに示している。第二に軍事的には、ケレンスキー政権はボリシェヴィキの政権獲得を防ぐため、ペトログラードをドイツ軍に明け渡そうと企図していることによって、猶予を許さない。第三にペトログラード、モスクワその他のソヴィエトの選挙結果から見て、民心がボリシェヴィキを支持していることは今や明らかである。第四にケレンスキーはペトログラードの部隊を前線に派遣し、コサックをペトログラードに集中して、ペトログラードの支配を確保しようとしている。今の好機を逸しては蜂起は永久に不可能になる。以上がレーニンの情勢判断であった。採決の結果はカーメネフとジノーヴィエフとの二名を除く十名がレーニンの提案を支持した。トロツキー、ヨッフェ、ウリツキー、ソコロニコフという四人のトロツキー派がレーニンに賛成したのに対して、最も古い生えぬきのボリシェヴィキであるカーメネフとジノーヴィエフとがレーニンに反対したことは、レーニンをひどく苦悩させた。[*50]

二十三日の中央委員会においては、蜂起の日を明らかにしなかったが、十一月三日の第二回ソヴィエト大会までにできるだけ早くということに決定していた。レーニンは大会の日まで決起を延期することに強硬に反対し、大会の日は仮装舞踏会の日ということにきめておけと罵倒した。ところが蜂起の準備が予定どおり進行しなかったので、第二回ソヴィエト大会の日取りを八日に延期し、その日までに一日でも早く決起することとなった。レーニンは党の態度に不安を感じ、十月二十九日にもう一度中央委員会を召集し、蜂起に関する決定を再確認した。この時もカーメネフとジノーヴィエフとは強硬に暴力革命政策に反対し、ルイコフ、ノーギン、ミリューチンの三名は票決を棄権してカーメネフとジノーヴィエフへの暗黙の支持を表明した。[*51]ボリシェヴィキ党は十月革命の前夜においても大きく動揺していたのであって、古いボリシェヴィキの頭の切りかえは決して完了してはいなかったのである。

ボリシェヴィキ党内の動揺にもかかわらず、十一月三日軍事革命委員会が活動を開始し、ペトログラードの全部隊が軍事革命委員会への忠誠を誓ったとき、十月革命はすでに成功していた。軍隊を失うことによって一個の幻影と化したケレンスキー政府とボリシェヴィキの軍事革命委員会との決戦は、まずケレンスキーの挑発によって開始された。十一月六日早朝五時半士官学校生を伴った官吏がボリシェヴィキ党機関紙の印刷所に現れて、封印を施し新聞発行の禁止を伝えた。従業員は軍事革命委員会に訴えたので、委員会はリトウスキー連隊の一中隊と第六工兵大隊とを派遣して印刷所を防衛させた。ネバ河上の巡洋艦オーロラに対して、政府はクロンシュタット帰還を命じたが、オーロラは軍事革命委員会の指図にしたがって政府の命令を拒否した。このようにして十月蜂起は開始された。それは軍隊に対する蜂起ではなく、軍隊による蜂起であった。

ボリシェヴィキの中央委員会がスモルヌイ館で開催され、郵便、電信、電話をジェルジンスキーが、鉄道をブブノフが、臨時政府の監視をスベルドロフが、食糧対策をミリューチンが分担し、そして左翼の社会革命党員との連絡にはカーメネフが当たることとなった。

十一月七日の午前二時頃までにはピョートル・パーベル要塞、電信局、停車場、発電所および変電所、水道、電話局、国立銀行、郵便局などが完全に占領され、正午には予備議会が奪取された。午後二時半にはペトログラード・ソヴィエトの臨時会議が開かれ、レーニンはこの席でソヴィエト政府の樹立、戦争の停止、大土地所有の没収ならびに工業のソヴィエト管理という十月革命の基本方針を明らかにした。

臨時政府が陣どった冬宮は約二千人の守備隊をもって最後まで残ったが、巡洋艦オーロラの砲火によって、八日午前二時過ぎに臨時政府は降伏し、閣僚は全部逮捕された。首相ケレンスキーだけはいちはやく遁走し、亡命してしまった。

冬宮が陥落する三時間前に、スモルヌイ館で第二回全ロシア・ソヴィエト大会が開かれた。議員六百五十名中、ボリシェヴィキは三百九十名であった。メンシェヴィキはわずか八十名に、社会革命党は百九十名に減少していたことは、七月の第一回大会に両派をあわせて六百名にも達したのにくらべて隔世の観があった。しかもメンシェヴィキのなかば、社会革命党の六割はソヴィエト政権の設立を支持したから、実に議員総数六百五十名中、五百五名がボリシェヴィキ政権の背後にあったわけである。メンシェヴィキと右翼社会革命党は大会の中途より退場し、ボリシェヴィキと左翼社会革命党員だけで議事が続けられ、早朝に及んだ。八日の大会第二日に六十五名のボリシェヴィキと二十九名の社会革命党員からなる中央執行委員会が選ばれ、その委任を受けて新しい革命政府の内閣、すなわち人民委員会議が選任された。人民委員会議長はレーニンであり、外務人民委員がトロツキー、内務人民委員がルイコフという顔ぶれで、スターリンは民族問題に関する人民委員に就任した。*52

第六章　世界革命

1　憲法制定会議

ソヴィエト政権が成立と同時に断行したことは国民に平和と土地とを与えることであった。十一月八日のソヴィエト大会は平和に関する決議と土地に関する決議とを採択した。前者は全交戦国に対し、三ヵ月間の休戦を提議し、休戦期間中に講和条約を交渉しようとするものであった。ソヴィエト大会はこれと同時に、イギリス、フランス、ドイツ三大国の意識的労働者階級に対して、全世界の勤労大衆をいっさいの搾取と抑圧から解放することについて協力を要請することを忘れなかった。*1後者は大地主の所有地を即時に無償で没収しようとするもので、貴族、大地主、ツァーリ一族、僧院、教会等が所有していた一億五千万デシャチンの土地は、この決議によって貧農に解放されることとなった。*2

ロシアの民衆が最も渇望していた平和、土地およびパンという三つのもののうち、平和と土地との二つを、ソヴィエト政権が万難を排して与えようとする決意を断固として表明したことは、ロシア民衆の魂の中へ、新政権を深く深く食い込ませることになった。

ペトログラードが完全にソヴィエト政権の手によって掌握された後も、モスクワでは激烈な市街戦が続けられたが、数日にしてモスクワも新政権の勝利に帰し、それ以来約三ヵ月間で広大なツァーリズム帝国の版図はことごとくソヴィエト政権の支配下に入った。十一月上旬、ケレンスキーとクラスノフ将軍によって企図された反革命運動はもろくも壊滅し、ロシア軍総司令官ドゥホーニン将軍はソヴィエト政権の命令に服従を拒絶した結果ただちに罷免され、その場で兵士ソヴィエトの手で処刑された。このようにしてソヴィエト政権は十一月末には早くもその基礎を固めた観があった。

しかしソヴィエト政権の前途にはきわめて困難な問題が山積していた。第一の問題はソヴィエト大会を退場した社会革命党の右翼とメンシェヴィキとが、ケレンスキーが残した憲法制定会議によってソヴィエト政権の打倒を虎視眈々とねらっていることであった。その結果憲法制定会議をどのように処理すべきかが、ソヴィエト政権に課せられた最初の大きな試練となった。第二の問題はドイツとの講和問題であって、戦争は相手のある問題である以上、ソヴィエト政権が一方的に和平を欲しても、ドイツ側に講和の意志がなければ、いたずらにドイツ軍国主義の野望を刺激するだけである。どのような条件でドイツと講和するかが、新政権にとって第二の試練であったことはいうまでもない。第三にロシアが単独でドイツとの講和を締結するとすれば、協商国との関係はどうなるか？　協商国はツァーリズムがドイツと単独講和を結ぶことを危惧して、二月革命をかげにひなたに支援し、七月攻勢を煽動したことはすでに述べた。協商国がソヴィエト政権のドイツとの単独講和を黙視するはずがない。ソヴィエト政権は協商国との関係をどのように調整するか？　これが第三の重大試練であった。

ソヴィエト政権が以上三つの試練のうち、もしそのいずれか一つにでもつまずくときは、十月革命の鉄槌をうけて倒れたツァーリズムの残党が頭をもたげ、外国のソヴィエト政権の敵と通謀して、新政権に対する反乱を企図するであろう。このようにして外敵と内敵との連合戦線が成立するとき、ソヴィエト政権は致命的危機に直面することとなろう。この反革命統一戦線に対して、ソヴィエト政権が頼ることのできるものは、国内における革命的労働者、農民および兵士と外国におけるプロレタリア階級の革命運動以外にはない。このようにしてソヴィエト政権の誕生を機として、進歩的勢力と反動的勢力との、革命と反革命との世界的規模における決戦の機が熟してきた。

そもそもケレンスキーが没落直前に決定した憲法制定会議の選挙期日は十一月二十五日であった。そもそも社会革命党の右翼と、メンシェヴィキとが第二回ソヴィエト大会を脱退したのは、彼らがいっさいの権力をソヴィエトに与えることに反対だったからである。彼らは憲法制定会議こそ唯一の合法的存在であると考え、ソヴィエト大会から権力を掌握したソヴィエト政権の合法性を否認した。そこで彼らは憲法制定会議の選挙にいっさいの期待をかけ、選挙運動に狂奔したことはいうまでもなかった。

ボリシェヴィキ政権はケレンスキーの決定した憲法制定会議を全然否認すべきであるかどうかに迷ったが、結局選挙を予定どおり行うこととした。選挙の結果は総投票数三千六百万票のうち、社会革命党は二千一百万票で断然第一党を占め、ボリシェヴィキは九百万票で第二党、メンシェヴィキは百四十万票で第三党となった。*3 すなわちボリシェヴィキ政権はわずかに四分の一の支持を得ただけで、社会革命党に敗れたわけであった。このような結果を招いた原因は、何よりもまず社会革命党が二月革命以来かずかずの失敗にもかかわらず、依然農村に確固とした地盤を保持していたことにあった。もっとも第二回ソヴィエト大会が明らかにしたとおり社会革命党員の約六割はボリシェヴィキに接近し、ソヴィエト政権を全面的に支持していたのであるから、この選挙の結果はただちにソヴィエト政権の否定を意味するものではなかったはずであった。ところが憲法制定会議の選挙に使用された同党の選挙名簿は左右両翼の分裂以前に作成されたものであったから、社会革命党の当選者は名簿の上位に記載された右翼派によって占められることとなった。このようにして憲法制定会議の議員分野において、ソヴィエト政権はロシア民心の実際よりはるかに不利な立場に立つこととなった。

この憂慮すべき情勢を見て、十月蜂起に終始一貫して反対してきたボリシェヴィキ党内の一派は、猛然とレーニン、トロツキーの指導方針に反対し、社会革命党とメンシェヴィキとの連立政権によって政情の安定をはからなければ、ロシア革命は孤立し、崩壊するであろうと迫り始めた。十一月二十八日の党中央委員会は、彼らの連立政権主義を断然否定したので、三十日カーメネフ、ジノーヴィエフ、ノーギン、ルイコフ、ミリューチンは党中央委員を辞し、十二月一日にはルイコフ、ミリューチン、テオドロヴィチ、シュリャプニコフなどは人民委員をやめた。*4 レーニンの四月テーゼ以来継続されてきた古いボリシェヴィズムと新しいボリシェヴィズムとの闘争は十月革命成功後においても終わらなかったわけであって、古いボリシェヴィキの民主主義的独裁に対する妄執のいかに根強いものかを知るべきである。ボリシェヴィキ党は十月革命後の危局を克服するためには、まず党内の敵と戦わなければならなかったわけである。しかし十月革命の成功を背景としたレーニンの権威は絶大であったから、よくこのうちわもめを収拾することができた。この際も新参のボリシェヴィキであるトロツキーがレーニンの党内の統制を最も強力に支援したことは注目される。もしトロツキーの協力がなければ、レーニンの古いボリシェヴィキに対する闘争ははるかに困難なものとなったに違いない。

一九一八年一月十八日、憲法制定会議はタウリーダ宮殿で開会された。会議はロシア国民の総意を背景にしていることを自負して、ボリシェヴィキ政権の圧迫に屈せず、社会革命党右翼の首領チェルノフを議長に選任し、ソヴィエト政権を否認して、制憲会議に基礎をおく新合法政権を樹立しようとした。ソヴィエト政権はこれに対し、会議はロシア国民の真意を代表するものではなく、ソヴィエト大会だけがロシア国民の意志を表現するものであるとし、会議は反革命の陰謀を策するものと断定して、兵力を用いて会議を解散した。会議の解散と同時にソヴィエト政権は第三回全ロシア・ソヴィエト大会を召集し、あらためていっさいの権力はソヴィエト大会に存し、ソヴィエト政権が唯一の合法的政府であることを再確認した。

ソヴィエトは前述したとおり、労働者、農民および兵士だけが選挙権を有する特殊な代議機関であって、全国民の意志を代表するものでないことはいうまでもない。それにもかかわらず、ボリシェヴィキはどのようにして、ソヴィエトだけが、ロシア国民の意志を真に代表する機関であると強弁できるのか？　レーニンは一九一五年のテーゼに至るまで一貫して議会主義を否認していない。ソヴィエトは一九一五年までは単なる暴力革命の手段であるとされ、議会に代わるべき代議機関であるとは考えられなかった。そもそもソヴィエトの沿革は一九〇五年の革命に際し、社会主義陣営の戦線分裂にかんがみ、これをストライキの指導という当面の目的のために統一するために結成された超党派的代議機関であった。このソヴィエトに、議会に代わるべき意義を附与したのは実に一九一七年の四月テーゼであり、レーニンが二月革命の既成事実に基づいて、プロレタリアートの独裁を決意したときに始まっている。

レーニンによれば、国家は階級的支配の体制にほかならず、すべての種類の国家は、その階級的支配の特質に相応した機構をもっている。議会主義、すなわち普通、平等、秘密選挙に基づく議会が主権を行使する国家機構は、ブルジョアジーの階級的支配体制に特有な形態である。すなわちブルジョアジーは新聞、雑誌、ラジオ、映画、教育その他いっさいの世論形成手段を独占することによって、一見公平であるような普通選挙を採用しつつ、最も巧妙にその階級的支配を維持できる。このようにして、レーニンによれば、議会は国民の議会ではなくブルジョア議会にほかならず、決して国民の総意を正確に反映するものではないとされるわけである。これこそレーニンが民主的議会をブルジョアの独裁機関であると罵倒するゆえんである。[*5]

ブルジョアがその階級的支配の手段として議会を利用するように、プロレタリアートは政権確保後、その階級的支配のために独特の機関を使用すべきである。[*6] そしてそれは一九〇五年のロシア革命において自然に発生したソヴィエトでなければならない。なぜならば、ブルジョアジーが新聞、ラジオ、教育その他の文化的独裁によってプロレタリア階級その他の被圧迫階級に吹き込んだ有害な影響を中和して、真に健全な世論が形成されるまでは、換言すればプロレタリアが人間として解放されるまでは、プロレタリアートおよび農民という勤労大衆だけが選挙権をもつ代議機関、すなわちソヴィエトだけが、勤労大衆の偽らざる意志を代表し、したがって国民の総意を代弁できると考えられるからである。[*7]レーニンの右のようなブルジョア議会観には、近代的民主政治の欠陥を鋭くついた点があり、またそのソヴィエト観には国民の代議機関を静的にではなく動的に把握している点で、ある程度正当なものが含まれている。

しかし労働者と農民という特定の階級に選挙権を限定し、その他の国民から政治的権利を剝奪することは、単に右にあげられた根拠だけでは是認することはできない。いわんやソヴィエト体制が共産党の一党専制を隠蔽するいちじくの葉にすぎないとすればなおさらである。なるほどブルジョア社会における議会はブルジョアジーの階級的支配を偽装し、隠蔽し、かつ擁護する機能を強く発揮していることは確かであるが、それにもかかわらず、すべての国民が平等に政治に参与するという理念が体現されていることも確かである。このようにして問題は現実の議会について具体的に判定されるべきで、国民の政治意識ないし法感覚にまでさかのぼらなければならず、一概に議会をもってブルジョア独裁機関であるとし、プロレタリアートの独裁はソヴィエトによってのみ具現され得るとは断定しがたい。いな、議会主義に対する国民の信念が強固である場合においては、ブルジョアの階級的支配の廃止すら議会主義を通じて実現できるし、また議会主義による以外の方法では実現できないことは、イギリスの動向を見ても明らかである。イギリスのような政治的意識の高い、法感覚の鋭い国において、特定の集団にだけ政治への参与を許し、他の集団に対してこれを拒否することは、法に対する挑戦として国民に一蹴されてしまうことは疑いない。イギリスやアメリカのような政治的民主主義の徹底した国では、全国民が一票を行使した議会を通じてのみ、社会改革は可能となるのであって、人民のための政府は人民による政府としてしか存在できないのである。

これに反してロシアのような民主主義の伝統をもたない国においては、国民の政治的意識は低く、法感覚はきわめて鈍いから、人民が求めているものは土地とかパンとか平和とかいう具体的なものであって、これを獲得するための手段や手続きはさして問題ではない。すなわち個人の権利や、人格の尊厳のようなものが確立されていない社会においては、国民の自発的意欲は建設的に働かず破壊的にのみ作用するから、政治力は何びとかによって国民のために行使されることとなる。これがツァーリズムのアジア的専制が二十世紀まで継続した理由であり、十月革命後も憲法制定会議がいとも簡単に解散させられることのできた理由である。

ロシアにおいてツァーリズムが打倒されたのは、それが国民の意志に基づかない専制的支配であったからではなくて、その専制的支配が国民に土地を与えず、パンを与えなかったからであった。換言すれば人民のための政府ではなく、一握りの貴族、大地主、軍閥、官僚のための政府であったからにほかならない。ゆえにソヴィエト政権は国民にその欲するものを与えることができるならば、すなわち人民のための政府であるならば、必ずしも人民による政府であることを要しない。ここに憲法制定会議が、社会革命党の右翼やメンシェヴィキの絶大な期待にもかかわらず、もろくもボリシェヴィキ政権の軍門にくだった理由があった。実にロシアの後進性、すなわち宗教改革と文芸復興と政治的民主主義の伝統の欠如が、議会主義を形骸化し、ボリシェヴィキに勝利を与えた。いうならばロシアの民主主義は死産であったのである。

議会主義がブルジョアジーと歴史的に密接に結びついていることは、資本主義の発達といわゆる資本主義精神の発展とが有する不可分の関係から見て、決して偶然ではない。ロシアのブルジョアジーは宗教改革と文芸復興とに伴う個性の解放を背景にもたなかったために、単に政府の注文とか補助金とかに依存するという物質的理由だけでなく、精神的にもツァーリズムのアジア的専制に依存していたわけであり、したがってツァーリズム打倒後、議会主義によってブルジョア革命を擁護することができなかったのである。この意味において一九一八年一月十八日の議会解散には、十月革命の勝因が露呈されているといわねばならない。

このようにしてボリシェヴィキ政権は議会主義を清算することができたが、その代償として先進国においてブルジョア議会が完遂した困難な使命、すなわち国民の政治的意識を高め、法感覚を鋭くするという課題をみずからの肩に負担することを余儀なくされた。この課題は一見ソヴィエトを通じて充足され得るように見えるが、帝政ロシア数百年の圧制によるロシア国民の精神的文化的低位は、ややもすればボリシェヴィキ政権をソヴィエトから遊離させ、これをツァーリズムと酷似したアジア的専制へ、官僚支配へと堕落させようとする。特に、ソヴィエト体制の背後にあるソヴィエト・ロシアの真実の統治組織である共産党が、レーニンの死後党内におけるいっさいの反対派を徹底的に弾圧するに及んで、ソヴィエト政権における唯一の民主主義である党内民主主義までが失われてしまった。党内民主主義の消滅はただちに党の官僚化、ソヴィエト政権の官僚化をいっそう強化した。しかしこれも反革命運動の抑圧のためとあらば、ある程度やむを得まい。というのはすべての革命政権は、独裁でなければ、自己を保全することができないのが歴史の鉄則だからである。

2　ブレスト・リトフスク

ソヴィエト政権は第二回ソヴィエト大会の決議に基づき、十一月二十一日無電をもって全交戦国に無併合、無賠償を基本条件として即時講和を審議するために休戦を提議した。協商国側はボリシェヴィキの休戦提議を同盟の信義に対する裏切りと考え、敵対的態度に出たが、ドイツはソヴィエト政権の申し出に応じ、十二月三日からブレスト・リトフスクにおいて休戦交渉が開始された。ソヴィエト政権の全権委員は外務人民委員トロツキーであり、ドイツはキュールマン外相とホフマン将軍、[*8]オーストリア・ハンガリアはツェルニン伯であった。六日に十日間の休戦が協定され、ついで十五日には翌年一月十四日に至る一ヵ月間の休戦条約が調印された。この一ヵ月の間に両国から協商国に対して重ねて和平が提議されたが、協商国はこれを拒絶したので、一月十八日ソヴィエト政権とドイツ側との間に正式の講和交渉が開始された。

当時ドイツは西部戦線において一か八かの大攻勢を計画中であり、この攻勢遂行のために東部戦線を一日も早く終結させることを熱望したが、他面ユンケル軍閥の専制ドイツ帝国政府は、ヨーロッパにおける反動勢力の盟友ツァーリズムを打倒したソヴィエト政権を極端に憎悪しており、自国内の独立社会民主党、特にスパルタクス団の革命運動に対する恐怖からもボリシェヴィキ政権の破壊を焦慮していた。ドイツ国内の革命運動は、戦局の不利と食糧の不足とに拍車をかけられ、おりからベルリンにゼネストが勃発し、[*9]ルーデンドルフの大攻勢計画に暗い影を投げていた。ドイツ政府、特にドイツ軍大本営は、国内の革命運動をかかげにひなたに支援するボリシェヴィキ政権を容認できなかった。このようにしてドイツ政府は、協商国側との講和の手がかりを得ようとソヴィエト側の無併合無賠償主義をいったん承諾したが、協商国側がこれを拒絶した以上もはやルーデンドルフの強引を抑制することができず、ソヴィエト政権に対してきわめて高圧的な態度に出ることとなった。

ドイツが講和によって達成しようとした目標はだいたい三つあり、それぞれが若干矛盾していた。第一は東方政策を完遂し、ロシアの犠牲において国土を併合しようとするものであって、ユンケル軍閥の原始的帝国主義に基づいていた。この領土拡張欲はボリシェヴィズムに対する恐怖によっていっそう鼓舞されたことはもちろんである。第二は西部戦線における大攻勢のために、できるだけ多数の兵力を東部戦線からひき出したいという純軍事的なものであった。第三はウクライナの穀倉から食糧を掠奪して、火急の食糧不足を克服しようとする要求であった。第一の目標を達成するためには、ロシア軍の崩壊に瀕した現状は絶好の機会のように考えられた。第二の目標はこれに反して、できるだけロシアでの犠牲を少なくすることを要請した。第三の目標のためにはウクライナ民族主義が好餌となったことはもちろんであった。ドイツ帝国はこの三目標をねらって、ロシアとの交渉をできるだけ早く終結させようと焦慮した。

これに反してソヴィエト政権は無条件で平和を欲する立場にあり、交渉決裂の場合、頼る軍隊は事実上解体していたから、トロツキー全権の立場はきわめて困難であった。しかし彼はドイツ国内の革命運動が十月革命によってにわかに強化されたことをよく知っていたうえに、永久革命の理論家としてドイツ革命の勃発が目前にさしせまっているものと考え、世界革命の成功を確信していた。したがって彼は交渉をできるだけひきのばすことによって、ソヴィエト政権とドイツのプロレタリアートのために時を稼ごうとした。彼はまたドイツの政府と大本営との間の確執を利用し、ドイツとオーストリア・ハンガリアとの嫉視を活用してドイツ側の侵略的意図を世界に曝露し、交渉を有利に導こうとした。ドイツ軍代表のホフマン将軍がトロツキーのひきのばし戦術に業をにやしてペトログラード進撃を示唆したことは、トロツキーのわが意を得たりとするところであった。[*10]

二月十日トロツキーはついにドイツ側の提案を拒否し、「平和は結ばず、されど戦争は行わず」と放言して帰国した。ここにおいてドイツ軍は第一と第三の目標を達成するため断然武力に訴えてロシアを屈伏させようと決意し、二月十八日ペトログラードに向け進撃を開始するとともに、ウクライナへ侵入してキエフおよびオデッサを占領した。ソヴィエト政権はここに恐るべき破局に直面したことはいうまでもない。

ソヴィエト政権の中にはドイツに屈伏して講和すべきかいなかについて重大な意見の対立が起こった。トロツキーはドイツ革命が目前に迫っていることを強調し、ドイツのプロレタリア階級に蜂起の機会を与えるため講和は結ぶべきでないと主張した。この主張は屈辱的講和を非とする多数の支持を得たが、明らかに現実政治的考慮を欠く冒険であった。なぜならば、ドイツ革命が万一成功しない場合、ソヴィエト政権はドイツ軍の武力の前に自滅するほかはないからである。トロツキーの論理はたとえソヴィエト政権がいったん崩壊しようとも、窮極においてドイツ革命が成功し、世界革命が推進されればよいという結論に導くものといえよう。これに対してレーニンはトロツキーの政策を危険な極左偏向であると痛烈に批難し、ソヴィエト政権は万難を排して擁護されなければならず、くるかこないか不明なドイツ革命のために、ソヴィエト政権を犠牲にすることは許されないと説いた。レーニンによれば、最悪の講和といえども、ソヴィエト政権さえ保持できれば忍ぶことができるというのであって、世界革命から出発してロシア革命に到着したトロツキーの立場に対してロシアの大地に根を下ろしたレーニンの着実な態度が表明されている。

二月十九日ソヴィエト政権はレーニンの意見を採用して講和に決したが、[11]二十三日に到着したドイツ側の新条件はいっそう苛酷なものとなっていた。しかしソヴィエト政権はこれを受諾するよりほかに方法がなかった。トロツキーは外務人民委員を辞し、ロンドンから帰着したチチェリンがトロツキーの後を襲った。三月三日ブレスト・リトフスクにおいて調印された条約によれば、ロシアはバルト三国、フィンランド、オーランド島、カルス、バツームを失い、ウクライナの独立を承認させられた。このようにしてソヴィエト政権はトロツキーの冒険によって、いたずらに領土を喪失したばかりであった。しかし他面、ドイツは東方の侵略政策によって軍国主義の正体を曝露したうえに、ブレスト講和の強制のため百万の大軍を拘束したために、[12]ルーデンドルフは三月二十一日に開始した西部戦線における一か八かの大攻勢を失う結果を招き、夏における全軍崩壊の遠因を作ったことも忘れてはならない。

このようにしてトロツキーの革命外交は確かにドイツ革命を一歩前進させたことは疑い

ないが、彼の講和問題に関するレーニンとの抗争にはロシアの国土と民族とに対する責任の軽視が見られ、後年「非凡な」革命家の彼が「凡庸な」現実政治家のスターリンに敗れ去った秘密を解くべき鍵はここに見出されよう。さらに彼の絢爛たる永久革命の理論が包蔵する脆弱性も無視できない。世界革命の波が退潮に転ずるとき、永久革命の理論家は失脚せざるを得ないことを知るべきである。*13

3 内乱

ブレスト・リトフスクの講和によってともかくも平和を獲得することができたソヴィエト政権は、その後約三年間にわたって酸鼻な内乱に苦しまなければならなかった。内乱はドイツ、イギリス、フランス、日本およびアメリカの武力干渉と相まって一時ソヴィエト政権を非常な危機に陥れたが、政権は労働者、農民など勤労大衆の強力な支持によって、ついに内乱を克服することができた。というのは、内乱は階級闘争の最も尖鋭な形態であり、十月革命の延長であったから、反革命軍は優秀な装備と訓練の行き届いた兵力とを持っていたにもかかわらず、ツァーリズムの復帰に対する民衆の憎悪によって測ることのできない不利益をこうむったからである。*14

内乱の発端は大ロシア民族に対する国内少数民族の分離主義に始まり、干渉はチェコスロバキア人の救援に緒を見出した。まずウクライナ民族は二月革命後、キエフにウクライナ議会を形成して、独立運動を開始した。この運動は当初必ずしもロシアからの完全な分離を主張するものではなく、中央政府から広汎な自治権を要求したにすぎなかった。ところが十月革命後ウクライナの民族運動は社会革命党の指導下に、ボリシェヴィキ政権への反逆へと転化していった。これに対してボリシェヴィキは独特の民族問題に関する理論に基づいて、ウクライナ民族の大ロシア民族への隷属を撤廃し、ウクライナ・ソヴィエト共和国をロシア・ソヴィエト共和国と対等の立場で連邦に組織する方針をもって臨んだ。このようにしてウクライナ民族運動は社会革命党系の民族主義運動とボリシェヴィキ系の革命運動とに分かれ、前者は明白に反動的性格をおびてきた。

ドイツはその東方政策と食糧徴発との立場から、ウクライナの民族主義運動を支援し、一九一八年二月九日ウクライナの独立を承認してこれと単独講和を結び、ブレストの講和条約ではソヴィエト政権にウクライナの独立を承認させた。ウクライナのボリシェヴィキはドイツの庇護下にあるウクライナ政府に対して猛烈な抗争を開始した。その間にドイツ軍とウクライナ政府との関係も悪化し、ウクライナの情勢は混沌たるものとなってきた。

この間にドン・コサックは自治政府を樹立しようと試みたが、コサックとツァーリズムの伝統的因縁にかんがみ、アレクセイエフ将軍やコルニロフ将軍のような札つきの反動主義者は相ついでドン・コサックを頼って来着した。このようにしてドン地方はコサックの自治運動を端緒としてソヴィエト政権に対する反革命運動の策源地となった。ツァーリズムの将校、士官学校生、官吏、警察官などいっさいの反動分子が将軍たちの義勇軍に投じ、浮浪者、暴力団などあらゆるいかがわしい人物が参加した。最初彼らの指導者となったのはコルニロフ将軍であったが、彼が三月末に陣没してからはデーニキン将軍がその後を襲った。デーニキンはドイツ軍との提携を拒否し、協商国側と連絡をとったので、後日南ロシアを基盤とする反革命運動の中心となった。

ロシア帝国内に俘虜となっていたチェコスロバキア兵は、ドイツとオーストリアとが敗北したうえは独立を許されるとの約束のもとに、ロシアにおいて再編成され、訓練されていた。彼らはケレンスキー政権に忠誠であったが、十月革命後ソヴィエト政権がドイツと単独講和するに及んで、困難な立場に陥った。彼らはシベリアを経由してフランス戦線に従軍することを希望し、東漸を始めたが、随所でソヴィエト政権の兵力と衝突した。ここにおいて協商側列強は、ロシア革命に干渉すべき絶好の機会をつかむことができた。協商側列強は、ソヴィエト政権の成立を嫌悪し、これを一日も早く打倒しようとしたが、ソヴィエト政権がドイツと単独講和したことと、外債の元利払いを停止したことは彼らに条約違反の口実を与え、今やチェコスロバキア人の救援が彼らに武力干渉への好機を提供したわけであった。

一九一八年三月五日まずイギリス軍がムルマンスクに、八月二日アルハンゲルスクに上陸し、続いて八月には日米両国がシベリアに出兵した。一九一八年十一月十一日ドイツ軍の降伏によって、協商国は力の余裕を得、一段と本格的にロシア国内の反革命派を援助することとなった。同年七月にソヴィエト政権がツァーリ一族を処刑したことは、外国の君主主義者を激昂させ、外債の破棄宣言は資本家、利子依食者を痛憤させた。また、ロシアが十月革命によって巨大な陸軍を喪失し、膨大な版図が無防備の状態におかれたことは、外国の帝国主義者のよき好餌となった。このようにして一九一八年秋、国内の反革命軍と協商国の帝国主義者との間に連合戦線が結成された。

まずバルト海沿岸に本拠をおいたユデニッチ将軍はイギリスの援助を得てペトログラードに向け進撃を開始した。ドン地方のデーニキン将軍はこれに呼応してキエフを経てモスクワを脅威しようとする勢いを示した。ボリシェヴィキ政権は首都をモスクワに移し、武装労働者を基幹とする赤軍を編成してこれに対抗した。ブレストの講和問題で外務人民委員を辞したトロツキーは、陸海軍人民委員となり、その革命的エネルギーを赤軍の建設に遺憾なく発揮していた。*15 一握りの武装労働者の赤衛軍から出発した赤軍は一ヵ年足らずで百万の大軍に編成され、ユデニッチ軍を粉砕し、デーニキン軍を撃退することができた。赤軍は進んでデーニキンの本拠を衝き、一九一九年十月末デーニキン軍に致命的打撃を与えることができた。この結果一九二〇年のはじめにはウクライナと北カフカズの全部が反革命軍の手から解放された。デーニキンに対する作戦に関して、赤軍内にトロツキーの統帥に対する反対運動が起こり、スターリンの支援を得て強力な団結を結成した。このスターリンを中心とし、ヴォロシーロフ、オルジョニキーゼ、ブジョンヌイをもって形成されたツァーリッツィン派はスターリン政権の萌芽を成すものであった。

シベリアには日本軍の援助を得て、コルチャック提督のオムスク政府が組織され、一九一八年十一月十八日、協商国側からロシアの正統的政府として承認された。コルチャック軍は東方からボルガに迫ったが、一九一九年六月赤軍に撃退され、十一月にはオムスクも陥落して、翌二〇年二月コルチャック提督は処刑された。

一九二〇年四月にはポーランドの反動政権がソヴィエト政権に対する攻撃を開始し、五月にはキエフを占領した。これと呼応して六月にはウランゲル将軍が反革命運動の旗をあげ、ソヴィエト政権はふたたび重大危機に直面したが、ポーランド軍の侵略はロシア国民の伝統的愛郷心を刺激し、トハチェフスキー将軍の率いる赤軍はポーランド軍を撃破して一時ワルシャワに迫った。しかし八月には赤軍はフランス参謀本部の援助を得たポーランド軍のために一敗地にまみれ、十月十二日ソヴィエト政権は辛うじてポーランドと講和することができた。当時内乱とポーランド戦争とは世界革命と直結していたので、コミンテルンは七月レニングラードの第二回大会で世界革命に関するテーゼを決議し、ジェルジンスキーのもとにポーランド赤化の準備工作が進められていたが、赤軍の大敗はポーランド革命を窒息させた。

ポーランドと講和したソヴィエト政権は十一月ウランゲル将軍を打倒することに成功し、約三年間ソヴィエト政権を悩ませ苦しませた内乱はここに終結した。これより先協商国側は反革命軍の劣勢がはっきりしてくるのを見て武力干渉の中止を決意していた。協商国相互間の嫉視と、協商国内プロレタリア階級の干渉反対運動が、協商国にこの決意をいっそう促進させたことはいうまでもない。一九二〇年一月にはイギリス、フランス、イタリアはソヴィエト政権の封鎖を解き、ついで反革命軍への援助を打ち切った。

ソヴィエト政権があらゆる悪条件下に、よく内乱と干渉とを克服できたのは何に基づくか？　一九一九年には反革命軍はほとんど全地域に勢いを振い、ソヴィエト政権はモスクワ一県を確実に掌握するにすぎない時があった。またソヴィエト政権が第一次大戦と革命および内乱によって、工業力を破壊され、赤軍の補給に困窮したのに反して、反革命軍は協商国側から豊富な軍需品の供給を受けることができた。ドイツの降伏後は、協商国にとってロシアの反革命軍は過剰軍需品の唯一の販路でさえあったからである。ところが反革命軍がついに急造の赤軍を破ることができなかったのは、赤軍がボリシェヴィキの革命精神によって貫かれた革命軍であるのに対して、反革命軍は右は帝政派から左はメンシェヴィキに至る雑多な分子の雑軍であり、何よりもロシアの民衆に地盤をもっていなかったからであった。

ソヴィエト政権は幾多の悪条件と欠陥とにもかかわらず、ロシアの勤労大衆の意欲を代表し、勤労大衆に深く根をおろしていた。おりからロシアの農村においてはボリシェヴィキの指導下に徹底的な土地革命が断行されており、土地に飢えた貧農たちはソヴィエト政権のおかげで土地を獲得することができた。実際はボリシェヴィキの指導というよりは、農民の自発的決意によって大土地所有の収奪が行われた傾向が強かったが、農民はこの既成事実を承認し奨励したソヴィエト政権を、自分たちの政府であると確信した。さらに大都会では、労働者階級が工場を占領し、工場所有者、管理者を放逐していたので、労働者階級のソヴィエト政権に対する熱意は絶大であった。この労働者と農民とのソヴィエト政権に対する忠誠心が、非力な赤軍を、数において数倍する反革命軍に打ち勝たせた根本的原因であった。

ソヴィエト政権は、内乱によってやむを得ず農産物の強制徴発と工業製品の国家管理とを中心とするいわゆる戦時共産主義を実施することを余儀なくされたが、農産物の没収が農民を反革命軍に追い込むことをおそれ、一九一九年三月の第八回党大会において農民との強力な提携政策を再確認し、特に土地獲得によって支配的となった中農層の支持を得ることに努力した。

次にボリシェヴィキの民族政策[*16]が、ソヴィエト政権の地位を有利にしたこともみのがすことはできない。ボリシェヴィキは帝政ロシアが約二百の民族を支配下におく多数民族国家である点にてらして、少数民族の大ロシア民族に対する反感に、ロシア革命への一つの手がかりを見出していた。レーニンはブルジョアジーとプロレタリアートとの機械的な対立を排して、ロシア革命における中間層の役割を重視するという着眼から、民族問題に特別の注意を払ってきた。この点においてみずからグルジヤ出身であるスターリンは党の専門家とされ、党大会においてはほとんど毎回スターリンの少数民族問題に関する報告があった。

ボリシェヴィキの民族政策は被抑圧民族の民族運動を支持し、そこにロシア革命への一つのてこを見出すことにあったが、この民族運動自体の中における階級対立を看過せず、民族運動をその民族内における無産大衆の階級闘争と結びつけるところにいわゆるブルジョア的民族運動との非常な相違点があった。すなわち少数民族内における支配階級は抑圧民族内の支配階級と密接に結びついている点に、民族運動と階級闘争との一致点を見出したわけである。このようにして少数民族内のボリシェヴィキ運動は、その少数民族自体の解放運動と結合することによっていっそう強力なものとなり、しかも各少数民族内におけるボリシェヴィキの勝利は、大ロシア民族におけるボリシェヴィキの勝利を基盤とすることによって、横に緊密な連絡を結成した。このようにして帝政ロシアのような脆弱で不自然な抑圧と隷属との支配体制、すなわち帝国とは比較にならないほど、強力で自然な協同体制、すなわち連邦が生まれることができた。この場合連邦内の指導権はおのずから質的量的に優越した大ロシア民族に確保されることはむしろ当然である。このようにして少数民族に言語、文化、経済、政治に関する自由な発展が許されることにより、かえって連邦内にロシア語、ロシア文化が普及し、連邦は経済的、政治的にますます緊密に一体化することとなるのである。一九二二年十二月全ロシア・ソヴィエト大会はロシア社会主義連邦ソヴィエト共和国、ウクライナ・ソヴィエト社会主義共和国、白ロシア・ソヴィエト社会主義共和国およびザカフカーズ社会主義連邦ソヴィエト共和国をソヴィエト社会主義共和国連邦に統合することを決議して、ボリシェヴィキの民族理論を完結した。

内乱はあらゆる内乱に共通な残忍性をもって戦われ、ロシアの国土は荒廃し、産業はおとろえた。反革命運動が激烈をきわめてくるのに対抗して、ソヴィエト政権は非常委員会（チェカ）を結成し、ジェルジンスキーの鉄腕のもとに情容赦のない弾圧を強行した。その結果ツァーリズムの警察政治に酷似した暗黒政治が再開されねばならなかった。しかしこれはあらゆる革命政府につきまとう宿命であって、革命政府は反革命のテロに対してテロをもって対抗しなければ自滅するほかはない。人はソヴィエト政権のテロを攻撃する前に、ツァーリズム数百年間の野獣的惨虐を想起すべきである。ソヴィエト政権は、ロシア社会の後進性がまいた種をテロで収穫しなければならなかったのである。

ロシア革命においてテロがそれに必然的に伴う自壊作用から免れ、一定の限界をこえることがなかったのはひとえにレーニンの偉大な人格に負うていることを忘れてはならない。彼は天性の革命家であったが、革命が一方的破壊に堕する危険を十分認識していた。さればばこそ彼は十月革命後、反革命運動に対して容赦なく鉄槌を加えるかたわら暴力の濫用を強力に阻止した。ボリシェヴィキが秩序を保持できなければ、秩序回復のためにツァーリズムの将軍が復帰するであろうとは、彼の党員に対する厳戒であった。レーニンが危惧したのは、ツァーリズムのアジア的圧制から解放された労働者農民が、本能的に無制限のテロへ逸脱して、無政府状態を惹起することであった。彼は党内の規律を粛正し、事務を放り出していたずらな破壊に狂奔する革命小児病者を叱責した。当時ソヴィエト政権がロシア民衆の激昂と憤怒とに強力な統制を加えることができなかったならば、ロシアは無政府的混乱の中に滅亡したであろう。

内乱はロシアに非常な損害をもたらしたが、決してよい影響がなかったわけではなかった。内乱を通じてボリシェヴィキ政権が真にロシア国民の政権であり、反革命軍は人民の敵であることが国民の脳裡にはっきりと刻み込まれた。反革命軍がいずれも外国の援助を受けたことは、この意味でボリシェヴィキ政権をいっそう有利な地位においた。レーニンとボリシェヴィキはドイツのスパイであるという反動派のデマは、内乱を通じて完全に清算され、逆にボリシェヴィキこそ唯一のロシアの愛国者であり、ロシア民族を戦争と内乱との破局から救うものであることが認識されてきた。このようにして内乱はボリシェヴィキをロシアの大地と民族とに不可分に結びつけ、ソヴィエト政権を確固不抜のものにした。内乱は実にボリシェヴィキ政権の第一回祖国戦争であったのである。

4 コミンテルン

内乱と干渉とによって非常な危機に直面したソヴィエト政権にとって、外国に社会主義革命が勃発して、ソヴィエト政権と提携することが希望の綱であった。国内の反革命運動と外国の帝国主義との連合戦線の成立は、世界革命の成功によってのみソヴィエト政権は救われ得るとの確信を強めた。今や世界革命はマルクス主義の理論的要請から、ソヴィエト政権の実践的要求に転化した。

レーニンによれば、世界革命がこない場合ソヴィエト政権は必ずしも倒壊するわけではない。いな、ソヴィエト政権はたとえ世界革命が成功しなくても、維持され得るし、また維持されなければならないことは、ブレスト・リトフスクの講和に際するレーニンの態度によっても明らかである。これに反してトロツキーによれば、世界革命の成功はソヴィエト政権の生存にとって不可欠の前提条件である。世界革命が万一こないときは、ソヴィエト政権は自滅のほかはない。トロツキズムにとっては、ロシア革命は世界革命の不可分の一部であって、部分は全体から離れては存在できない。ここからトロツキーのブレストにおける非妥協的政策がはじまり、ドイツ革命への狂気じみた期待が生まれるわけである。

レーニンは世界革命に全面的に依存したわけではなかったが、世界革命を待望する点においては、トロツキーに劣らなかった。十月革命後の内乱の危機に際してレーニン以下ソヴィエト政権の首脳部にとっては、世界革命の成功によってソヴィエト政権が強力な援軍を手に入れるまで反革命軍に対して持ちこたえられるかが問題であった。

このようにしてソヴィエト政権にとって、世界革命は死活の重要性をもつこととなったので、ボリシェヴィキは一九一九年三月二日モスクワに第三インターナショナルの第一回大会を召集し、世界革命に対する戦略と戦術とを練ることとした。

第一次大戦の勃発と同時にドイツ社会民主党以下各国の社会主義政党が、それぞれ祖国防衛の名のもとに帝国主義戦争遂行に参加した結果、第二インターナショナルはもろくも倒壊したことはすでに述べた。レーニンは帝国主義戦争に絶対反対することによってのみ世界革命を実現できるという信念から、即時第三インターナショナルの結成を決意した。第三インターナショナルはレーニンによれば、緊迫した世界革命の推進力であり、前衛でなければならなかったから、第二インターナショナルのように、単に各国の社会主義政党が、漫然と協調し、連繋するというだけでは足らなかった。第三インターナショナルはロシアにおけるボリシェヴィキ党のように、明確な綱領と強力な組織とをもった純然たる戦闘体でなければならなかった。そしてその基本戦略は、帝国主義戦争は世界革命の前夜であるという前提から出発して、帝国主義戦争絶対反対でなければならなかった。このためには、帝国主義戦争に参加しているいっさいの社会主義政党は第三インターナショナルから除外されなければならず、社会主義運動の戦線統一は当然犠牲にされねばならなかった。

このレーニンの第三インターナショナルに関する鋭い論理は、第一次大戦中ほとんど何ぴとにも理解されなかった。トロツキーのように徹底した戦争反対論者といえども、新しいインターナショナルから、すべての戦争協力者を除外することには賛成しなかった。したがって帝国主義戦争に対する反対を条件として、一九一五年九月ツィンメルワルトに参集した第二インターナショナルの左翼派はほとんど全部レーニンの政策を排撃した。彼らは労働運動の戦線分裂に反対であり、社会主義陣営の国際的団結を戦争問題で破壊することを欲しなかった。このことは一九一五年十一月ローザ・ルクセンブルクが執筆したスパルタクス報告の中で、レーニン提案がきわめて冷淡に否定されていることからも明らかにみてとれる。*17 事態は一九一六年四月のキーンタール会議においても、一九一七年五月のストックホルム会議においても大きな変化を見なかった。

ところが十月革命の成功はレーニン主義の権威を絶対的なものにした。ボリシェヴィキ政権の確立は、レーニンが一九一四年以来たどってきたコースが正当であったことを確認したように見えたので、世界の社会主義陣営におけるボリシェヴィキの権威は一段と高められ、ボリシェヴィキ自身が大いに自信を強くした。このようにしてレーニンとボリシェヴィキ党はみずからの党組織と戦略ならびに戦術をそのまま他国の革命運動に適用できるし、また適用しなければならない、*18 こうすることによってはじめてロシア革命が成功したように世界革命も成功するであろうと結論した。ボリシェヴィキの党組織と戦略戦術をそのまま各国の社会主義運動に適用すれば、ロシア社会民主労働党が一九〇三年にボリシェヴィキとメンシェヴィキとに分裂したように、各国の社会主義陣営は共産党と社会民主党とに分裂するであろう。しかし戦線分裂の損失を賭しても、緊迫する世界革命における前衛を編成すべきである、というのがボリシェヴィキの論理であった。このようにして一九一九年三月の第一回大会となったのである。

しかし第三インターナショナルは、その誕生と同時に命数がつきていたことをレーニンはみすごしていた。いな世界革命のための第三インターナショナルはその設立前にすでに失敗していたからである。

世界革命の運命がドイツにおいて決せられることは何びとにも明らかであった。その理由は第一にドイツは四年間の絶望的な戦争によって、革命へのいっさいの条件を備えていたし、第二にもしドイツに革命が成功するときは、オーストリア・ハンガリア帝国内の諸民族はすべてドイツの後を追い、中部ヨーロッパ一帯が革命の怒濤に包まれることは疑いなかった。そこまでいけばドイツの工業生産力とロシアおよびドナウ沿岸の農業生産力とを背景とした革命運動は、フランス、イタリア、スペインからスカンジナヴィアを席捲し、進んでアジア十億の被抑圧民族を決起させることは必然のように思われた。ところが世界革命の鍵をにぎるドイツ革命は、第三インターナショナルが第一回大会を開催するより二ヵ月前に完全に失敗していた。

一九一八年十月、ドイツの敗北が決定的となったとき、ドイツ革命への条件は成熟したかに見えたが、革命の主体であるべきドイツ社会民主党は、開戦と同時に域内平和政策によって、帝国主義ドイツに魂を売っていたから、肝心の革命政党を欠いていた。一九一六年三月ドイツ社会民主党から分離した独立社会民主党*[19]は戦争遂行には反対の態度をとったが、革命的行動力をもたない点では多数派ドイツ社会民主党と少しも変わらなかった。また独立社会民主党内においてローザ・ルクセンブルクとカール・リープクネヒトを中心に結成されたスパルタクス団は、革命的行動力をもっていたが、ほとんど大衆的基盤をもたず、一にぎりの極左理論家と急進的労働者との小集団にすぎなかった。

このようにしてドイツ革命は下からの運動によって実現されることなく、ルーデンドルフ将軍によって上から与えられることとなった。すなわちドイツ議会は将軍の示唆に基づき十月末議会責任内閣制を決議し、マックス・フォン・バーデン公を首相とし、社会民主党、中央党および進歩党から成る内閣ができ上がり、*[20]その内閣がみずからの責任において協商国との講和交渉にのりだした。その結果ドイツでは革命も平和も上から与えられることとなった。十一月九日ウィルヘルム二世が退位し、マックス・フォン・バーデン公に代わってエーベルトが首相となったことは、単なる外貌の変化であるばかりで、ドイツ革命の本質が上から与えられたものであることを否定するものではなかった。

マックス・フォン・バーデン公は辞任前に、憲法制定会議を召集すべきことを決定したが、ロシア革命のソヴィエトにならって結成された労兵会議（Räte）も十二月十六日憲法制定会議を召集してドイツ将来の政体を決定すべきことを決議した。[*21] すなわちドイツ国民はプロレタリアートも兵士も、普通、平等、秘密選挙に基づくいわゆるブルジョア議会をドイツ政治の中枢機関とすることを要求したのであって、ソヴィエト流のプロレタリアートの独裁は最初から問題にしなかったのである。ドイツはウィルヘルム二世のもとにおいて軍閥官僚の半専制主義国であったとはいえ、普通、平等、秘密選挙に基づく帝国議会をもっており、自由主義の勢力はロシアと比較にならないほど強力である。宗教改革の本源であり、文芸復興の一翼をになったドイツ国民は人格の尊厳に対する意識がきわめて強い。多年の民族的分裂とプロイセン軍国主義の暴圧とによって政治的意識はイギリス人やフランス人より低く、法感覚も鈍いが、ロシア人とは比較できない。ここにドイツがロシア革命のような方法で社会主義へ進むことができなかった根本的原因がある。

さらにドイツ政府がみずからの責任において協商国と講和し、ともかく国民に平和を与えることができたことは、ロシア革命がもった最大の武器の一つであった「平和」[*22]を、ドイツ革命から奪ったことも忘れてはならない。ドイツ国民は上から与えられた平和と共和国とをもって満足し、あえてそれ以上を望まなかったのである。

労兵会議が憲法制定会議の召集に賛成したことは、ローザ・ルクセンブルクとカール・

リープクネヒトを中心とするスパルタクス団を焦慮させた。彼らはみずからが大衆的地盤をもたず、したがって一九一九年一月十九日の総選挙に惨敗することを予見したので、総選挙の四日前にベルリンで蜂起し、一挙に権力を奪取しようと計画した。これは冷静な革命理論家ローザにはほとんど考えられないほど愚劣な暴挙であったことはいうまでもない。なぜなら、ドイツのような法治国において国民の世論を背景としない蜂起は、失敗するに決まっており、労兵会議をすら説得できない少数派の暴動は国民の意志に対する冒瀆以外の何物でもないからである。果然一月十五日の蜂起は惨澹たる失敗に終わり、ローザとリープクネヒトは捕らえられて虐殺された。*23 ローザは「革命は勝手に行うことができるものでない」との信念を堅持し、大衆の自発性を尊重する西欧共産主義の立場から、レーニンの党組織論や、プロレタリアの上の党の独裁に対して一貫して反対してきたことは前述したが、そのローザが何ゆえに一月蜂起のような軽挙をあえてしたか？　恐らく戦争中の監禁生活が彼女の理性を曇らした結果であろう。

一九一九年一月十九日の総選挙は、社会民主党一、一五〇万九千票、独立社会民主党二三一万七千票、計一、三八二万六千票、これに対しブルジョア政党の得票数合計一、六五七万四千票という結果を示し、*24 社会主義政党は全投票数の約四五％を得たにとどまり、ドイツ共和国ははっきり資本主義を選んだのである。このようにして第三インターナショナルが発足するより二ヵ月前に、ドイツの社会主義革命は失敗したこと、ドイツ革命は純然たるブルジョア革命であることは既定の事実となっていた。その後五月にバイエルンでクルト・アイスネルを首班とするソヴィエト政権が生まれたが一瞬にして崩壊し、単に反革命派に対して赤化の脅威という口実を与えたにすぎなかった。

このような情勢のもとに成立した第三インターナショナルにはどのような成算があったか？ボリシェヴィキ政権は内乱と干渉とによって未曾有の危機に直面しており、万難を排して世界革命を促進する必要があったが、待望する革命は一向に実現しない。そこでレーニンは世界革命が成功しない原因は、ロシア以外の各国にボリシェヴィキのような組織と戦略戦術とをもった革命政党が存しないからであると考え、十月革命の権威を背景として、各国の社会主義政党にボリシェヴィキの組織、戦略および戦術を強制しようと決意した。これがボリシェヴィズムの強制輸出である。レーニンの見識をもってもボリシェヴィキの組織と戦略戦術とが後進国ロシアに特有のものであり、ドイツやフランスには適応しないことが理解できなかったことは遺憾である。[*25] というのも、ソヴィエト政権の生死は世界革命にかかっており、しかも世界革命は容易に到来しないので、レーニンの焦躁が冷静な批判力を曇らしたものと思われる。もっともレーニンは戦前カウツキー主義の正体を見破ることができず、第一次大戦勃発に際しドイツ社会民主党の「裏切り」に激怒したように、ヨーロッパの情勢に関しては、案外うとかったことも確かである。

このようにしてレーニンは第三インターナショナルをボリシェヴィキ党とまったく同一

の組織とし、これに単一の綱領を採択させることとした。すなわち毎年の大会は中央執行委員会を、中央執行委員会はその幹部会と組織局および書記局とを選出する。その綱領は実に一九二〇年七月の第二回大会において決議された二十一ヵ条*26であって、第三インターナショナルに加盟しようとする各国の共産党はこの二十一ヵ条を承認することを絶対的に命令される。

第一条は加盟各党に純然たる共産主義政策の実施を要求し、とくに暴力革命とプロレタリアートの独裁は不可欠の要件とされる。第二条はいっさいの改良主義者、中央派、換言すればボリシェヴィキの戦略戦術に反対する者の除外を求め、第三条は合法組織のほかに、暴力革命に備えての非合法組織の結成を命ずる。第四条は軍隊内における宣伝を、第五条は農民の獲得を説いている。そして最後の第二十一条は第三インターナショナルに加盟しようとする政党は、その中央委員会および重要組織の成員の少なくとも三分の二が第二回大会以前に第三インターナショナルへの加盟に公然と賛成していなければならないと規定し、第三インターナショナル中央執行委員会の指令に反する党員は即時除名すべきことを要求している。

右のような二十一ヵ条によって、レーニンは各国にボリシェヴィキ党を速成しようと期待したが、これは彼の一大錯誤であった。なぜならば西ヨーロッパの労働運動はロシアのそれとはまったく異なる歴史をもっており、ボリシェヴィキの戦略戦術の強制輸出は越えることのできない障害につき当たった。この点を度外視しても、一九〇三年の第二回党大会からレーニンの天才が十五年間を費して築きあげたボリシェヴィキ党を、二十一ヵ条でもって一夜にして急造しようとしたところに非常な無理があった。またレーニンは一九二〇年『共産主義における急進主義の小児病』を書いて、各国共産党が少数の空想的急進主義者の独占物と化することを厳戒したが、この二十一ヵ条をもととして形成された各国共産党はきわめて粗末なものであり、ことごとに馬脚をあらわした。

ドイツでは独立社会民主党のハレ大会に、第三インターナショナルの中央執行委員会議長ジノーヴィエフがみずから出席してドイツ語で四時間の長広舌をふるい[*27]、同党の大部分を共産党に合流させることに成功したが、翌一九二一年三月のいわゆる三月行動[*28]で一敗地にまみれて党勢不振となり、一九二三年ルール占領とインフレーションとで暴力革命の好機を迎えたにもかかわらず、コミンテルンの指令の失策もあって、この絶好の機会を逸してしまった。フランスでは社会党の多数が第三インターナショナルに参加したが、しだいに衰微していき、イタリアでは最初から極少数派にとどまり、ついにムッソリーニに名を成さしめることとなった。

ボリシェヴィズムの輸出に際してもっとも障害となったものは、ローザ・ルクセンブルクの西欧共産主義とボリシェヴィズムとの関係であった[*29]。当初西欧共産主義者は第三インターナショナルの共産党に参加したが、コミンテルンの指令が各国の情勢を無視し、ソヴィエト政権の利益を第一義とすることが判明するに伴い、続々と第三インターナショナル傘下の共産党から脱党した。特にコミンテルンが一九二三年ドイツの情勢を正当に評価することを怠り、新経済政策に伴いドイツ共和国との友好を欲するソヴィエト政権の対外政策の利益のために、ドイツ共産党に革命の好機を失わせたことは、[30]西欧共産主義者を激昂させた。ドイツ共産党からは、カール・コルシュ、フリッツ・シュテルンベルク、アルトゥール・ローゼンベルクのような優秀な理論家が、ハンガリア共産党からはゲオルク・ルカーチが、オランダ共産党からはゴルテルが、それぞれ脱党した。

コミンテルンが一九二一年の第三回大会で、ソヴィエト連邦の新経済政策に即応して、世界革命を背後へ押しやって統一戦線政策を採用したとき、ゴルテルは、第三インターナショナルはソヴィエト連邦の内政的要求より生じた対外政策の用具にすぎず、世界革命にとって有害無益であるといいきり、コミンテルンがその幹部独裁制と絶対服従と過度の中央集権主義とをもって、各国共産党を毒したことを非難している。[31]

思うに、レーニンが戦線統一を犠牲にして、戦線分裂の危険を賭して第三インターナショナルを設立した理由は、世界革命が目前に迫っているという前提に立っていたからであった。今やコミンテルンみずからが世界革命が早期に達成できないことを承認したとすれば、コミンテルンの存在はいたずらに社会主義戦線を分裂させるだけである。コミンテルンは一九二一年にはすべからく解消されるべきであった。それが統一戦線という曖昧な妥協に終わったのは、コミンテルンが世界革命のための存在から、ソヴィエト連邦のための存在と化した証拠であった。

このようにして世界革命のためのコミンテルンは第三回大会とともに終わったが、コミンテルンは一九一九年三月からわずか三年間に世界の社会主義的労働運動に顕著な足跡を残した。それはボリシェヴィズムの強制輸出とコミンテルンのボリシェヴィキ化[32]とによって、各国の社会主義陣営にいやすことのできない亀裂を生じさせたこと[33]である。社会主義陣営は友愛と信義とを喪失して嫉妬と反感とを得た。コミンテルンが独特の方法で、いわゆる改良主義者、日和見《ひよりみ》主義者ないし裏切り者を罵倒した結果は、いたずらに反動勢力に有利に事態が動いたにすぎなかった。

コミンテルンは単にボリシェヴィズムの戦略と戦術とを強制輸出しただけではなかった。コミンテルンはソヴィエト連邦の国定イデオロギー[34]をも強制ダンピングした。マルクス・エンゲルス・レーニン主義という衒学的名称のもとに、ソヴィエト連邦製の唯物弁証法、弁証法的唯物論、史的唯物論、唯物史観といったようなぎこちない名前の書物が、各国の市場に氾濫し始めた。そこにはマルクスやエンゲルスやレーニンの片言隻語が拙劣に綴り合わされて、素朴唯物論やきわめて俗流化された経済史観が語られているだけで、マルクス・エンゲルスの高度の哲学思想や、レーニンの主体的革命理論の片鱗さえも伝えられていないことはもちろんである。しかもこのソヴィエト連邦の国定イデオロギーを少しでも批判すれば、第三インターナショナルの宗教裁判が行われ、異端者の誤謬が弾劾される。そこに冷静な科学的精神も謙虚な学問的良心も見出せないのはもちろんである。

第三インターナショナルの思想に関する強制輸出は、イギリスやアメリカのように、共産党が全然問題にされない国々に対してはもとより、ドイツやフランスのように相当有力な共産党の存在する国々であっても、哲学、文化科学、社会科学および歴史学の高度の伝統をもつ先進国に対してはほとんど無効に終わった。しかし日本や中国のように、これらの学問が十分発達せず、社会科学の水準が低い後進国は、ソヴィエト連邦の国定イデオロギーの強制ダンピングを喜んで消化した。そこではロシアと同様にカントの批判主義以前の素朴唯物論や、公式的な経済史観が十分啓蒙的役割を果たすことができたのである。このようにしてブハーリンの史的唯物論や、デボーリンの唯物弁証法が進歩的な青年によってむさぼり読まれた。もっともブハーリンやデボーリンがソヴィエト連邦で清算された後も、依然これらの愚著を耽読していたのは、軍閥と官僚の弾圧によって文化的に盲目にされた日本の知識階級だけであろう。

第三インターナショナルが強制輸出した弁証法的唯物論や唯物史観は、カウツキーやソヴィエト連邦の亜流によって歪曲され俗流化されたマルクスの残骸であって、マルクス・エンゲルスの思想とは何の関係もない。しかしこれらの素朴唯物論[*35]や経済史観といえども、ツァーリズムのアジア的専制によって蒙昧化されたロシアの民衆に対しては十分啓蒙的意義をもっていたことはいうまでもない。しかし「マルクス主義はドイツ古典哲学とイギリス正統派経済学とフランス社会主義という人類の三つの偉大な文化的偉業を、弁証法的に止揚したものであるから、絶対に正しい唯一の世界観である」といったような独断的独善的な態度には、ツァーリズムのアジア的野蛮がそのまま拡大再生産されている。論者は恐らくヘーゲルもリカードも読んでいないことは疑いない。ロシアの文化的後進性は容易には克服されず、ソヴィエト連邦が文化的にも先進国に追いつき、追いこす日は遠いといわねばならない。*36

しかしこのことはソヴィエト連邦が今日すでに特定の文化部門において世界の水準をぬいていることを否定するものでないことはもちろんである。なかんずく冶金学、応用化学、生理学ならびに言語学に関しては、ソヴィエト連邦の学界はすばらしい業績をあげている。ソヴィエト連邦の学問は後進国であるだけにかえって大きな将来性をもつものといえよう。

第七章　一国社会主義

1　新経済政策

レーニンは十月革命の前夜に『迫りくる破局をいかに克服すべきか？』[*1]という小冊子を書いて政権奪取後におけるボリシェヴィキの経済政策を具体的に展開した。彼はこの小冊子において、ロシアの国民経済が崩壊の危機にあることを明らかにし、その原因は大半資本家側の怠業にあることを指摘した。その破局を解決すべき方法は、国民経済を人民の管理下におく以外にないとし、次の四対策を提唱している。

一　すべての銀行を単一銀行に統合し、これを国家管理とすること、あるいは銀行を国有化すること。

二　カルテルおよびトラスト、すなわち資本家の巨大独占体を国有化すること。（砂糖、石油、石炭、金属カルテルなど）

三　工鉱業企業者を強制シンジケート化すること。
四　住民に強制的に消費組合を結成させて、これを強力な国家管理のもとにおくこと。
銀行の国有化について、レーニンはそれが私有財産制の廃止を意味せず、銀行の株主は十分その所有権を保護されることを説いている。さらにカルテル、トラストの国有化についても、株主や企業所有者の利益は決して侵害されないことを説いている。このようにしてレーニンが十月革命に際して企図した経済政策は、生産、流通および分配について強力な国家統制を加え、資本家のサボタージュを排して国民経済の再建を図ろうとするもので、きわめて急進的ではあるが、決して社会主義的ではないことが注目される。レーニンは社会主義を定義して、社会主義は国家資本主義的独占からほんの一歩を進めたものにすぎず、全国民の利益を目標とする国家資本主義的独占にほかならないとしていることも重要である。

このようにしてレーニンは十月革命を社会主義革命とは考えていず、ロシアのような後進国においてただちに社会主義に進むことができないことは十分承認していたわけであった。彼は経済政策に関する限り一九〇五年からも、一九一五年からも少しも変化していない。

ところが十月革命が成功すると、労働者階級はレーニンの意図に従わなかった。彼らはレーニンの指図どおり節欲しなかった。権力を掌握した武装プロレタリアートはたちまちペトログラードやモスクワの大小工場を占拠し、資本家、経営者を追放してしまった。農村において土地革命が進行していくのと並行して、工場の収奪は地方都市にまで波及した。このようにして十月革命の結果は、トロツキーの予言が的中して、プロレタリアートによる生産手段の社会化が遂行され、工業に関する限り社会主義が実現されたわけである。もちろん経営に経験のない労働者階級が一挙に工場を支配下においたわけであるから、多くの場合生産は停頓したが、ともかく社会主義は既成事実となってしまった。そこでソヴィエト政権はやむを得ず、一九一八年六月三十日に大工業国有化に関する法律を発布して、この既成事実を承認した。土地はすでに十月革命の翌日国有化され、銀行の国有もまた革命後五十日にして実施されたのと比較すると、ソヴィエト政権がいかに工業の国有化を躊躇したかが知られよう。

このようにしてソヴィエト政権は労働者階級の自発的行動に引きずられて、自己の意志に反して工業の国有化を行ったのであったが、内乱の激化は事態を一変せずにはおかなかった。なぜならば、協商国の封鎖によって、外国貿易を奪われ、国土の大半を反革命軍と外国軍隊に占領されたソヴィエト・ロシアは包囲された要塞と化したから、生産、流通、分配に関する国家統制を極度に強化しなければ、到底赤軍に補給を続けることができなかったからであった。

赤軍はトロツキーの鉄腕によってたちまち百万の兵力を擁することとなったので、これに軍需品と食糧とを供給することは尋常一様の手段では不可能であった。とくにロシア経済は四年間の戦争で都市と農村との、工業と農業との再生産過程を遮断されていた。農民から食糧を供出させても、これに対して農民が要求する工業製品がない。見返り物資を得られず、単に紙幣だけを与えられた農民はしだいに不平をたかめたばかりか、農機具、肥料、繊維製品などの不足のため、農業生産力自体が急速に低下し始め、農民は供出をこばんだのである。ここにおいてソヴィエト政権は武力によって、強制的に食料を徴発せざるを得ないこととなり、武装労働者を農村へ派遣して、農民の手から農産物を没収することとなった。

農民から食料品を収奪することと並行して、工業についても国家管理をいっそう徹底化し、原料資材の割当から、生産の遂行を経て、製品の分配に至るまで、国家が全面的に責任を負うこととなった。このようにして内乱に処するために、ソヴィエト政権は、農業部門においても工業部門においても共産主義政策を実施することを余儀なくされたわけである。これを戦時共産主義政策という。

戦時共産主義政策はもちろん非常な摩擦を伴った。農民は生産したものをすっかり収奪された結果ソヴィエト政権を憎悪するようになり、ひいては増産意欲を失った。ソヴィエト政権は一九一九年三月のボリシェヴィキ党第八回大会の決議に基づき、貧農ならびに中農との提携強化が内乱克服のため不可欠の要件であるのにかんがみ、食糧徴発に際し中農以下には事情によっては考慮するように指令したが、なかなかその実行は容易でなかった。さらに都市の労働者階級も、一律の賃金で軍隊的規律のもとに強制労働を課せられるのに大きな不満を示し始めた。しかしソヴィエト政権はともかくもこの戦時共産主義政策のうむをいわせない敢行によって、辛うじて赤軍への補給を継続し、内乱を克服することができた。

しかし一九二〇年をもって内乱が一段落すると、戦時共産主義政策の再検討が必要となってきた。というのは戦時共産主義は一定の原理原則にしたがって実施されたのではなく、もっぱら内乱に処するための非常対策であったから、内乱の終結は、戦時共産主義政策の存在理由を奪ったからである。しかしそれにもまして、ソヴィエト政権に戦時共産主義の撤廃を迫ったのは、第一には農業ならびに工業の極端な生産減退であり、第二には労働者および農民のソヴィエト政権に対する不満の激化であった。

戦時共産主義政策は人間の利己心をまったく無視したので、農民は増産意欲を失い、労働者は勤労意欲を忘れた。その結果一九二〇年度の農業生産高は戦前の約四〇%に、工業生産高は同じく一四%に低下した。一九二一年度の銑鉄生産はわずかに一一万六千トンで、一九一三年度の三%であったことはソヴィエト・ロシアの国民経済が瀕死の状態に直面したことをもっとも雄弁に物語っている。鉄道の状態はさらに悪く、このまま放置すれば数ヵ月にして大陸国ロシアの動脈が完全に硬化してしまうことは明らかとなった。

労働者階級は十月革命において遺憾なくその革命的エネルギーを放出し、ボリシェヴィキ政権を自分たちの政府であると考え、これに献身的な忠誠を示したが、一九一八年以来うち続く内乱によって塗炭の苦しみをなめた結果、しだいに当初の情熱が冷却し始めた。とくに工業生産がまひしたので、労働者階級は工場を去って、あるいは赤軍へ、あるいは農村へと分散していく傾向が強くなったことも労働者階級の団結を弱めた一因であった。

さらに労働者階級をソヴィエト政権から離反させた今一つの要因は、労働者ソヴィエトが有名無実の存在となり、労働者階級は単なる被統治者となったことであった。権力は極少数のボリシェヴィキ党幹部の手に掌握されていることが明白となり、プロレタリアートの独裁ではなくして、プロレタリアートに対する党幹部の独裁であることが知られてくると、プロレタリア階級の生活上の不満は一段と深刻化してきた。

そもそもソヴィエト政権は、労働者、農民および兵士のソヴィエトから権力を委任された建前をとっており、ソヴィエト政権の人民委員会議は、ソヴィエト大会に責任を負うことになっている。この意味においてブルジョア国家の内閣が議会に対して責任を負うのと同様に民主主義的であるといえる。事実十月革命直後の人民委員会議、すなわち内閣は、ボリシェヴィキ党と社会革命党左翼との連立政権であって、決してボリシェヴィキの独裁ではなかった。ところが社会革命党左翼の人民委員は、ブレスト講和に反対して辞任したので、人民委員会議はボリシェヴィキ党の独占するところとなった。このことは未だ必ずしもソヴィエト民主主義の死滅を意味しないことはもちろんであったが、その後内乱を通じてボリシェヴィキ党の人民委員会議はしだいにソヴィエト大会から遊離し、独裁権を振うようになってきた。このようにして工場ソヴィエト・村落ソヴィエトを下部構造とする膨大なソヴィエト組織は、有名無実の存在となり、単にボリシェヴィキ党の独裁をおおいかくすいちじくの葉にすぎないものとなってきた。そしてこれはまさにレーニン主義のプロレタリアート独裁が必然的に帰着する当然の帰結であったことはいうまでもない。

それではソヴィエト政権は完全に独裁化し、官僚化したかというと未だ必ずしもそうではなかった。それはボリシェヴィキ党内に一種の民主主義が維持されていたからである。ボリシェヴィキ党は、立党の趣旨からして決して民主的ではなく、むしろ絶対服従を第一義とする専制組織であったが、党員間の批判の自由と多数決の原則とは、それが少数幹部への盲目的追従に堕することを防いでいた。したがって重要問題に関する決定は毎年開催される共産党大会において行われ、大会と次の大会との中間期間には、党大会の選任によって構成される中央委員会が大会に代わり、そして中央委員会の実際事務は、政治局と組織局と書記局とによって遂行される。そして党中央委員会政治局はボリシェヴィキ党の最高政策を立案し、事実上これを決定する。

このようにして戦時共産主義政策のゆきづまりは、党の中央委員会政治局において活発に論議されることになった。一九二一年はじめ政治局員トロツキーは、労働者階級の不満を緩和するために、労働組合をソヴィエト国家機構の中へ組み入れることを主張し始めた。こうすることによって、労働者階級の政治的関心をたかめ、ソヴィエト政権とプロレタリアートの一体化をはかることが目的であったことはもちろんである。彼の背後にはシュリャプニコフやリトヴィノフのような党の中心人物が控えており、労働組合に結集された百万のプロレタリア階級の勢力が彼を支持したから、その勢いはあなどることのできないものがあった。

ところがレーニンを中心とする政治局員の多数は、トロツキーの見解を排撃した。レーニンによれば、ソヴィエト政権はプロレタリアートの政権ではなく、プロレタリアートと農民との政権である。トロツキーの主張をいれて労働組合を国家機構の一部に編入すれば、農民はますますソヴィエト政権から離反していくことは明らかである。とくに農民は、内乱が鎮圧されて、十月革命によっていったん獲得した土地をツァーリズムによって奪還されるおそれがなくなったので、猛然と食糧の徴発に反対している。ゆえにソヴィエト政権を救う道は、労働者階級に譲歩することではなくして、農民に譲歩することである。そして農民の不満をやわらげるためには、何よりもまず農産物の全面的収奪を撤廃して、収穫中一定額を租税として国家に納入させる以外は、いっさいを農民の自由処分にゆだねなければならない。このようにして国内商業の自由も当然復活されるべきである。これがレーニン以下多数派の見解であった。

レーニンとトロツキーとの意見の対立は、十月革命後これが二回目であった。そして第一回目のブレスト講和問題に関する意見の相違が、レーニン主義とトロツキズムとの理論的対立に起因していたように、今回の戦時経済政策をめぐる見解の相違も、レーニン主義とトロツキズムとの理論的対立を反映していた。すなわちレーニンにおける農民の重視に対する、トロツキーにおける軽視、レーニンにおける労働者民主主義の軽視と、トロツキーにおける重視、これはとりもなおさず、東欧共産主義と西欧共産主義との対立にほかならなかった。そして後進国ロシア、農業国ロシアにおいてレーニン主義が妥当性をもっていることはいうまでもない。

一九二一年三月、クロンシュタット水兵の暴動事件直後、非常に緊張した情況のもとに開催された第十回ボリシェヴィキ党大会は圧倒的多数をもってレーニンの提案を可決し、ここにソヴィエト政権は新経済政策（ネップ）を採用することとなった。[*2] ネップのねらいは銀行、大工業および貿易という三つの重要部門以外の分野に自由競争と利潤の追求とを容認することによって、崩壊に瀕したソヴィエト・ロシアの農業および工業を再建しようとすることにあった。換言すれば一定の枠内で資本主義の復活を許すことによって、国民経済を少なくとも戦前の水準まで復興しようとすることが新経済政策の目標であった。

新経済政策はこの目的を完全に達成した。まず農業について見れば、播種面積も収穫高も新経済政策実施の翌年から急速に回復し始め、一九二六年頃にはほぼ戦前の水準に復帰した。

年度	播種面積（百万ヘクタール）	収穫高（百万ツネントネル）
一九一三	一〇五・〇	八〇一・〇
一九二二	七七・七	五〇三・一
一九二三	九一・七	五六五・九
一九二四	九八・一	五一四・〇
一九二五	一〇四・三	七二四・六
一九二六	一一〇・三	七六八・三
一九二七	一一二・四	七二三・〇

工業についても同様であって、一九二一年七月以来従業員二十名以下の小工場が、ついで翌年には従業員百名以下の中工場までが個人経営を許されることになったので、工業生産は飛躍的に増強され、一九二六年にはほぼ戦前の水準を突破することができた。（一九二六—二七年度価格基準千ルーブリ）

年度	工業生産額	年度	工業生産額
一九一三	一〇、二五一	一九二四	四、六六〇
一九二〇	一、四一〇	一九二五	七、七三九
一九二一	二、〇〇四	一九二六	一一、〇八三
一九二二	二、六一九	一九二七	一二、六七九
一九二三	四、〇〇五		

戦時共産主義政策は生産をいちじるしく縮小したばかりでなく、農業と工業との再生産過程が悪循環をきたした結果、不換紙幣の濫発を招き、ソヴィエト・ロシアは猛烈なインフレーションに苦しむこととなった。ソヴィエト政権はマルクスの労働価値説の生硬な解釈から貨幣のない経済や労働貨幣制の迷妄に陥ったが、新経済政策によって、市場を復活するとすれば、貨幣価値の安定が不可欠の前提条件であることを悟り、一九二一年十月国立銀行を設立して金本位制を採用することにより、ようやくルーブリの価値を安定することに成功した。

新経済政策の採用はソヴィエト政権の対外政策をも一変させたことはいうまでもない。内乱には勝利を得たが、世界革命は当分見込みがないというすこぶる矛盾したソヴィエト政権の環境は、従来の世界革命第一主義の対外政策の修正を要請した。新経済政策自体が、資本主義の部分的容認であるとすれば、ソヴィエト政権は新たな構想をもって資本主義世界にのぞまなければならないことは明らかである。それは資本主義世界との短期決戦思想の後退であり、長期持久戦思想の登場であった。ここに後年の一国社会主義建設に関する理論の萌芽があることはいうまでもない。

さらにソヴィエト政権は、国内経済復興のために外国貿易を強く要求した。イギリス、アメリカ、ドイツなどの先進工業国から進歩した機械を輸入することは、工業復興への、したがって農業復興への不可欠の前提であった。他方資本主義国家にとっても、膨大なロシアの市場は十分魅力をもっていたから、ソヴィエト政権との通商を希望した。このようにして一九二一年三月イギリスとソヴィエトとの間に通商協定が成立したのを皮切りに、五月にはドイツと、九月にはノルウェーと、十二月にはイタリアならびにオーストリアとの通商協定が成立した。さらにソヴィエト政権は一九二二年四月ヨーロッパ復興に関するジェノア会議に招請され、資本主義世界との外交関係を開始した。この会議は失敗に帰したが、その副産物として、ドイツとの間にラッパロー条約が締結され、ドイツ共和国とソヴィエト政権との間に正式の外交関係が始まった。ついで一九二四年にはイギリス、イタリア、オーストリア、中国、フランスなどの諸国が、翌二五年一月には日本がソヴィエト政権を正式に承認した。

ソヴィエト政権が新経済政策を採用することによって、その対外政策を一変したことは、ただちに第三インターナショナルを統一戦線政策に転回させることとなり、世界革命への猪突猛進をおしとどめることとなったことは前述したとおりである。

2 五ヵ年計画

新経済政策はソヴィエト政権を著しく安定させた。一九二二年には日本軍がシベリアから撤退し、ソヴィエト政権は外国の武力干渉を最後的に清算することができた。それを機会に、それまで分離独立していた四つのソヴィエト共和国がソヴィエト連邦に統合され、第一回全連邦ソヴィエト大会が開催された。これはボリシェヴィズムの民族政策の完全な勝利を物語るものであったことはいうまでもない。今やソヴィエト連邦には平和と繁栄との将来が約束されたかに見えた。

しかし、新経済政策は、国民経済の急速な復興に成功した反面、非常な暗黒面を露呈していった。まず工業における資本主義の復活は、たちまち新たな資本家階級を生み、ブローカー、投機師といった忌むべき存在があたかも地下から湧いたように忽然と姿を現した。農業における自由市場の復活は、たちまち富農層（クラーク）を発生させ、貧農と農業労働者に対する情容赦のない搾取が再開された。さらに出来高払い制の復活や賞与制の採用に伴い、労働者階級自体が明確に熟練労働者と不熟練労働者とに分裂を始めた。さらにいっそう悪いことには、資本主義経済の一般的法則はソヴィエト連邦の農業と工業との関係にも遠慮なく作用し、農産物と工業製品との間に猛烈な鋏状価格差が発生した。このようにして生活難に苦しんだ農民はその子弟を都市へ送って工業労働者にしようとした結果、労働者階級は低賃金と失業とに悩むこととなった。一九二三年末には失業者は百万をこえた。

このようなソヴィエト連邦内の新たな階級分化は、新たな官僚の発生によって一段と悪質化した。レーニンの厳戒にもかかわらず、十月革命によっていったん破壊された帝政ロシアの官僚機構に代わって、ソヴィエト、党、赤軍、労働組合、消費組合などの膨大な官僚機構が誕生し、官僚機構独特の自己増殖作用によってソヴィエト連邦を動きがとれないまでにとりかこんでしまった。このようにして一九二二年頃からソヴィエト連邦には、ソヴィエト、党、赤軍、組合などの官僚層を頂点とし、新資本家、富農、ブローカー、投機師、医師、技術者などを中堅とし、労働者および貧農を底辺とする完全な階級社会が実現した。戦時共産主義時代の悪平等に代わって、恐るべき不平等が再生したわけである。

労働者階級なかんずくもっとも進歩的な労働者階級の前衛が、このような情勢を黙視するはずがない。そして彼らを代弁したものは今回もまたトロツキーであった。トロツキーは病をおし敢然急進的労働者層の意欲を代表して、新経済政策の修正を要求した。トロツキーの主張は、新経済政策によってはびこり、跳梁しているネップマンとクラークとを弾圧し、工業および農業の社会主義化を貫徹しようとすることにあった。たまたま第三インターナショナルがドイツにおいて致命的失策を犯したことは、トロツキーの率いる左翼反対派または労働者反対派の有力な材料となった。

おりからレーニンは一九二二年十一月病を得てほとんど再起不能と見られたので、だれがレーニンの衣鉢を継いでソヴィエト政権を指導すべきかの問題が現実化した。十月革命におけるトロツキーの役割にてらしてみれば、レーニンの後継者は当然トロツキーでなければならないように見えたが、そこには大きな障害が少なくとも三つあった。

第一にトロツキーは本来のボリシェヴィキではなかった。彼は一九〇三年のロシア社会民主労働党の分裂以来一九一七年七月に至るまで、ボリシェヴィキとメンシェヴィキのいずれにも属しない独自の立場をとっていた。このことは彼がボリシェヴィキとメンシェヴィキとの中間の立場にいたことを意味しない。彼が西欧共産主義の見解をもっていたことが、彼をボリシェヴィズムの東欧共産主義に反発させたのであったが、ともかくも彼がはえぬきの党員ではないことは、ボリシェヴィキ党における彼の地位をやや困難なものにした。レーニンの偉大な統率力がトロツキーを庇護し、彼の才幹を十分発揮させた間は差し支えなかったが、レーニンが病むに至ると、トロツキーの孤立はおおいがたいものとなった。

第二に彼はボリシェヴィキ党に入党した後も、依然としてそのトロツキズムを捨てていた。

なかった。いな一九一七年の四月に、レーニンが二月革命後の情勢にてらして新しい戦略と戦術とをとるに至ったとき、トロツキーはこれをトロツキズムへの接近と判断して、レーニンの傘下に投じたのであった。それ以来十月革命に至るまで、カーメネフやジノーヴィエフのような古参のボリシェヴィキがレーニンの四月のテーゼに承服せず、動揺を続けたことは、レーニンのトロツキーに対する信頼を確固たるものとし、レーニンとトロツキーとの協力によって十月革命を勝利に導くことができた。ところが早くもブレストの講和問題でトロツキズムはレーニン主義に反旗をひるがえし始め、新経済政策に関する問題でふたたびレーニン主義に対立した。この二つの問題に露呈されたトロツキズムの欠陥は、西欧共産主義がプロレタリア民主主義の過大評価と農民の過小評価とのゆえに、後進国ロシアの大地に根をおろすことのできないことをはっきり曝露し、かつ世界革命への過度の依存のために、ソヴィエト政権の存続を危くするおそれがあることを教えた。このことはトロツキーにとってほとんど致命的であった。*3

第三に一九二一年後の国際情勢は明らかに世界革命の退潮を示していたから、世界革命の到来をいっさいの立論の前提とし、結論とするトロツキーの立場は著しく不利となってきた。世界革命は早くもテルミドールの反動期を迎え、トロツキズムの基礎をねこそぎにしていたのである。

以上三つの障害は、ボリシェヴィキ党中央委員会政治局におけるトロツキー排撃の布陣となって結集した。トロツキー反対の急先鋒に立ったのは、ボリシェヴィキ党最古参の老兵であり、十月革命における戦線離脱者であったカーメネフとジノーヴィエフとであった。二人はモスクワとレニングラードとの党支部を地盤として、トロツキー排撃の火蓋を切った。しかし、カーメネフとジノーヴィエフとはいずれも特色ある革命家であったが、両者とも性格に大きな欠陥をもっていた。彼らが十月革命に際して犯した誤謬が、レーニンによって正当にも「非偶然的なもの」であると烙印されたのはこのためであった。

ところがこの両巨頭の背後には、ボリシェヴィキ党の書記長スターリンが控えていた。スターリンはグルジヤ生まれの生粋のボリシェヴィキであり、少数民族問題に関する研究によってはやくからレーニンに認められた。彼は鉄のような意志と柔軟な判断力とをもった卓抜した革命家であり、第一次大戦前ならびに戦争中、レーニンやジノーヴィエフのいない党の国内組織を守り通した。二月革命から十月革命にかけての彼の活動はもちろんトロツキーと比すべくもなく、ソヴィエト政権においても少数民族人民委員にすぎなかったが、国外にほとんど一歩も出ず、党の国内組織に終始したことは彼を党内随一の党務に関する専門家にした。十月革命後における党の膨脹が、党書記長の地位をきわめて重要なものとしたことは、スターリンの立場をいっそう確固たるものにした。

スターリンはトロツキーのようなはなやかな革命家ではなく、地味な党務の精通者であったが、彼にはトロツキーのもたない長所が三つあった。第一に彼はロシアの大地から生まれた着実なロシア人であり、世界革命というような不確実な要素のために、祖国ロシアの安全を賭するというようなことは思いもよらなかった。この意味で彼はレーニン主義の正統的後継者たる資格をもっていた。ブレスト講和問題でも、新経済政策の問題でも、彼はレーニンの見解を全面的に支持したことはいうまでもない。

第二に彼はよい意味の現実政治家であった。彼はレーニンの在世中、あまりにも粗野であるとたしなめられたことがしばしばあったが、しだいに洗練されて卓絶した現実政治家として頭角を現してきた。トロツキーのような危なさは、彼には全然ない。

第三に彼が党務の精通者であり党の人事を握っていたことは、党内の対立に際して彼の立場をすこぶる有利にした。

自負心の強いトロツキーが、レーニンの後継者になろうとしたときは、中央委員会の政治局はスターリンを中心とする、カーメネフ、ジノーヴィエフの三角同盟で固められており、あらゆる重要案件はトロツキーを除く政治局員によってあらかじめ決定された。一九二四年一月二十一日レーニンが逝去したときには、病めるトロツキーはその葬儀からも除外される始末であった。

やがてトロツキー排撃の工作はスターリン書記長を中心に着々と進められ、レーニンの死後一年にしてトロツキーは陸海軍人民委員を罷免された。トロツキーの敗北は決定した。トロツキーは十月革命におけるカーメネフとジノーヴィエフとの裏切りを曝露し、彼らの戦線離脱を罵倒した。このことは従来党員の多数には知られていなかったので、その衝撃は大きかったが、トロツキーの曝露によって利益を得たのは結局トロツキーではなくして、スターリンであった。カーメネフとジノーヴィエフとの権威が失墜したことは、党内におけるスターリンの地位を不動のものとしたからであった。スターリンはモロトフ、ヴォロシーロフ、オルジョニキーゼなどツァーリッツィンの同志を輩下に、ブハーリン、ルイコフ、トムスキーなど右派幹部を協力者として党内に強固なスターリン閥を形成し、スターリン政権の基礎を固めた。

おりから、資本主義世界は第一次大戦後の危機を克服し、いわゆる相対的安定期に入り、世界革命はもはや当面の問題となり得ないことが明らかとなった。資本主義世界の包囲の中にあって、ソヴィエト連邦はどのような進路をとるべきかが今や重大問題となってきた。後進国ロシアが一国だけでは社会主義社会へ進むことができないことは、マルクス主義の発展理論から見て自明の理と考えられており、トロツキーの永久革命論はこの袋小路からロシア革命を救出するために考えられたものであることはすでに述べたとおりである。ところが世界革命がこないとすれば、ソヴィエト連邦は資本主義へ後退する以外に道をもたないのか？　新経済政策によって、ソヴィエト連邦の後退は事実上開始されたが、この後退がいつまでも続けば、十月革命はいっさいの意義を失ってしまうではないか？　現にソヴィエト連邦内には、ネップマン、クラークなど資本主義への後退に伴う危険な兆候がしだいに濃化してきたではないか？

スターリンも一九二四年四月においては後進国ロシアが一国で社会主義に進むことができることを明白に否定していた。彼は次のように説いている。[*4]

ブルジョア階級を打倒するためには、一国の努力だけで足りる。このことはわが国の革命の歴史が示すとおりである。しかし社会主義が最後的に勝利を得るためには、換言すれば社会主義生産を組織するためには、ロシアのような農業国一国の努力だけでは足りない。そのためには若干の先進国のプロレタリアが勝利を得ることが不可欠である。

すなわちスターリンは明らかにロシア一国における社会主義化を不可能であると断言したわけであって、このことは後進国ロシアは資本主義を経由せずには社会主義へ進むことができないというマルクス主義理論にてらして、むしろ当然であった。ところが同年の十二月には、スターリンは四月の主張を大胆に修正して、ロシア一国における社会主義化を肯定するに至った。すなわち彼は問題を国内的な面と国際的な面とに峻別することによって、いっさいの困難を打開しようとしたわけである。[*5]

まずソヴィエト連邦の国内問題としては、ロシア一国において社会主義を実現することは、ソヴィエト政権の力をもってすれば不可能なはずはない。その具体的方法は、国家権力を用いて急速かつ大規模な工業化を断行するかたわら、農業を協同組合化することにある。換言すれば、双葉の段階で死滅したロシアの資本主義が行うことのできなかった工業化をプロレタリアートの独裁国家の手によって断行しようとするところに、スターリンの一国社会主義論の鍵がある。そして膨大なロシアの農民層が、十月革命によってプロレタリア階級の同盟者となっていることは、彼らを協同組合に組織することによって社会主義建設への伴侶にすることができることを示しているとされる。すなわち先進国においては農民に土地を与えたのはブルジョアジーであったのに対して、後進国ロシアにおいてはプロレタリア階級が土地革命を断行した結果、ロシアの農民は資本主義を経由しないで社会主義へ進むことができるとされるのである。ロシアの農民の特殊性から出発して、一国社会主義の可能性を説くところに、スターリン主義がナロードニキの理論に酷似した点が見出される。

次に国際問題として見た場合においては、換言すれば資本主義世界との関係の面から見れば、ロシアにおける社会主義は世界革命の成功によってはじめてその安全を保障されるとスターリンは説く。なぜならばソヴィエト連邦は資本主義世界に包囲されている限り、たえず反ソヴィエト十字軍の脅威にさらされているわけであって、少なくとも若干の先進国において社会主義革命が成功するまではソヴィエト連邦はつねに扼殺される危険をもっているからである。

このように問題の国内的な面と国際的な面とを分離することによって、スターリンは大胆にソヴィエト連邦一国における社会主義化を肯定した。これはスターリンのトロツキー派に対する徹底的な追撃戦であり、ソヴィエト連邦の進路を明確に規定したものとして注目すべきである。スターリンによれば工業の建設と農業の協同組合化がソヴィエト社会主義の二つの基礎条件であるという。レーニンもかつて同様の見解を述べた[*6]。これはしかしながらマルクス・エンゲルスが考えた社会主義とは恐ろしく異なるものであることはいうまでもない。

マルクス・エンゲルスが考えた社会主義は、資本主義が極度に発展して、生産力が資本主義的生産関係の枠内にとどまることができないほど強化されたとき、生産手段に関する私有財産制を撤廃することによって実現されるものとされた。このようにして工業の建設はマルクス主義によれば疑いもなく資本主義の課題であって社会主義の任務ではない。社会主義は資本主義によって建設された工業を土台として、その上に実現されるものである。

ところが後進国ロシアにおいては、資本主義が工業を建設する前に、換言すれば産業革命を完遂する前に、ツァーリズムと心中してしまった。ロシアの資本主義はあまりにもツァーリズムと腐れ縁を結んでいたため、あまりにもツァーリズムに依存していたため、ツァーリズムが崩壊すると同時に扼殺されてしまった。いな、本来ならばロシアのブルジョアジーはみずからの手でツァーリズムを打倒して、資本主義によってロシアを工業化すべきであったにもかかわらず、ロシアの恐るべき後進性は、ロシアのブルジョアジーを早熟的に反動化し、ツァーリズムと抱合心中させることとなった。このようにしてロシアのプロレタリア階級はまさにロシアが最後進国であったがゆえに、世界最初のプロレタリア政権を樹立し、みずからの手で工業を建設しなければならないこととなった。これはひとえにロシアの後進性に基づくものであることはいうまでもないが、この与えられた現実に基づいて大胆率直に、ロシア独特の社会主義理論を展開したところに、現実政治家としてまた現実政治的理論家としてのスターリンの面目が躍如としている。ここに不羈奔放にして放胆なスターリン主義は理論的に完成された。

スターリンの一国社会主義論はまったく彼の独創によるものであるが、新経済政策を採用したレーニンに、スターリン主義への萌芽があったことは否定できない。いな、ロシアの現実から出発して、ロシア革命の理論を発展させるというレーニン主義の正しい伝統はスターリン主義においてそのまま承継されている。レーニン主義がローザ・ルクセンブルクなどの西欧共産主義とは異なる独特のロシア的理論であり、その意味で西ヨーロッパのマルクス主義者からは東方的異端と考えられたように、スターリンの一国社会主義論は西ヨーロッパのマルクス主義理論からは、アジア的独断と考えられた。しかしスターリン主義がロシアの大地に根をおろした、ロシアの理論であったことはボリシェヴィキ党内におけるスターリン主義を確固不抜のものとした。

世界革命の失敗と資本主義世界の相対的安定化によって、進退きわまったソヴィエト連邦にとってはスターリンの一国社会主義論は死中の活路であった。永久革命論をもってスターリン主義を反駁することは、世界革命が失敗に帰した現在ソヴィエト連邦の自殺を提唱するに等しい。果然一九二五年十二月の第十四回党大会はスターリンの一国社会主義論を圧倒的多数をもって可決した。スターリン政権は、今や理論的にも政治的にも確立されたわけである。[*7]

スターリン政権の確立はカーメネフとジノーヴィエフを焦躁させ、ついに一九二六年夏彼らにトロツキーとの三角同盟を結ばせるに至った。トロツキー排撃運動の急先鋒であったボリシェヴィキ党の両元老は、今やスターリンに対する嫉妬から、トロツキーの援助を求めるわけであった。新経済政策に伴うソヴィエト社会の階級対立の激化と、おりから中国における第三インターナショナルの致命的失敗[*8]とは、スターリンに対する反対派をすこぶる強力なものにした。しかし、ツァーリッツィンの同志に支持され、ブハーリン、ルイコフ、トムスキーなど右派と同盟したスターリンは一九二七年十月の第十五回党大会において反対派を徹底的に打倒することに成功した。十一月十四日大会の決議に基づきトロツキー、カーメネフ、ジノーヴィエフ、ラデック、プレオブラジェンスキー、ラコフスキー、ピャタコフなど反対派の幹部はいっせいに党籍を剝奪され、トロツキーは果てしない亡命の旅に出ることを余儀なくされた。[*9]

第十五回党大会が農業の全面的集団化を決議することによって、スターリンの一国社会主義論は具体化の一歩をふみ出した。[*10]農業の集団化は三つの目的をもっていた。第一は一国社会主義の基礎である工業建設のために労働力を供給することであり、第二は工業建設のために市場を形成することであり、第三は農村における社会主義の強敵である富農を撲滅することであった。

工業の建設が膨大な労働力を要請することは、産業革命の歴史が物語っている。工業建設のための労働力は、すべての国において農業から供給された。産業革命における農民離村の現象は、実に工業労働力形成の過程にほかならない。そして資本主義的工業の建設に際しては、農民が囲い込み運動などに刺激されて、自発的に農村を去った。ところが後進国ロシアにおいては、プロレタリア政権が国家権力をもって農民を農村から都市へ移そうとする。換言すれば産業革命の前提条件を国家権力をもって強制的に作り出そうとするわけである。

資本主義の発達に伴う工業化は、農工分離に伴う国内市場の自然的形成を基盤として進行した。このようにして農民はしだいに衣料や農機具、肥料などの自給をやめ、工業からこれらの提供を仰ぐこととなった。この場合農民は工業製品の良質で低廉であることに導かれて、自発的に工業に対する顧客となっていった。ところが後進国ロシアにおいては、国家権力によって農民は協同組合に集団化し、これにトラクターやコンバインを強制的に使用させることによって工業のための市場を人工的に創出しようとする。

農村における富農の跳梁は、トロツキー以下の反対派がスターリン政権を攻撃する絶好の口実であった。今やスターリンは農業の集団化によって、富農層の絶滅を期し、反対派からいっさいの論拠を奪おうと決意したわけであった。そして富農の撲滅に反対したブハーリン、ルイコフ、トムスキーなど右派の幹部は右翼反対派として農業集団化政策のいけにえにされた。このようにしてスターリン政権はスターリン直系によって完全に固められることとなった。[*11]

スターリン政権は農業集団化の前提のもとに工業建設に関する計画を練った。一九二九年四月第十六回党代表者会議において工業の建設、農業の集団化、国民経済における資本主義的要素の克服および社会主義的要素の強化を目的とする第一次五ヵ年計画が提出された。五ヵ年計画は国家計画委員会の立案により、最低案と最高案とがあったが、党代表者会議は断然最高案を採用することに決した。[*12]

第一次五ヵ年計画は一九二八年より一九三三年に至る五ヵ年間に総投資額六四六億ルーブリ、うち工業一九五億ルーブリ、交通業一〇〇億ルーブリ、農業二三二億ルーブリを予定し、農業を急速に集団化することによって工業労働力をつくり出し、工業を飛躍的に拡充することによって、トラクター、コンバインなどの高度農業技術を通じて逆に農業の集団化を促進しようとするものであった。ソヴィエト連邦は新経済政策によって辛うじて戦前の帝政ロシアの水準まで国民経済力を回復したにすぎなかった。帝政ロシアの国民経済が産業革命前の低水準にあったことはすでに述べたとおりであるから、第一次五ヵ年計画は実に産業革命の国家権力による促進であった。

先進国の産業革命が農民と労働者との極端な搾取に基づいて推進され、資本蓄積の源泉はもっぱら農民と労働者との血と汗によって賄われたように、ソヴィエト連邦の産業革命もまたソヴィエト連邦の農民と労働者との猛烈な収奪によってのみ遂行されることができた。ボリシェヴィキ党中央委員会監修によるソヴィエト連邦共産党史も、五ヵ年計画が労働者および農民の極度の搾取によって遂行されたことを認めている。すなわち党史は五ヵ年計画に必要な資金の源泉は、ツァーリズムのもとにおいて農民が毎年貴族大地主に支払った地代および小作料と、国民が外国債権者に支払った外債利子とであることを述べている。*13 これはソヴィエト政権が貴族大地主ならびに外国資本家というツァーリズムの三大搾取者に代わって国民を搾取したことを示すものである。もっともツァーリズムの搾取は国民の利益に反して行われたが、ボリシェヴィキ政権の搾取は国民の利益のために行われた点に大きな相違があったことはもちろんである。

第一次五ヵ年計画は各部門間の不均衡、技術的欠陥、官僚行政の無理など数々の悪条件にもかかわらずスターリン以下ボリシェヴィキ政権の不屈の闘魂とソ連邦勤労大衆の決死的犠牲とによって予定より早く一九三三年はじめに完遂された。

農業においては一九二九年から一九三〇年にかけて農民の集団化が急速に進展し、一九三二年においては農業経営の六一・五％、播種面積の七五・七％がコルホーズに集団化された。集団化に際しては強制的手段に訴えず、もっぱら農民の説得によるべきであるという党中央部の厳達にもかかわらず、功績をあせる党の末端部は苛烈な弾圧によって、強引に集団化を強行したため、富農層だけでなく中農層までがボリシェヴィキ政権に反抗するに至り、彼らの無言の抗議は農産物収穫高の低下と、そして家畜の激減となって現れた。牛も馬も豚も大量に屠られほとんど半減したことは、コルホーズ化の暗黒面であった。

工業部内においては、鉄鋼、石炭、石油および電力の四基礎部門に全力が集中された結果、左のような成果をあげることができた。（単位は百トンおよび十億キロワット時）

年度	銑鉄	石炭	石油	電力
一九一三	四・二	二九・一	九・二	一・九
一九二〇	〇・一	八・六	三・八	〇・五
一九二八	三・三	三五・五	一一・七	五・〇
一九三二	六・二	六四・四	二二・三	一三・五

工業部門においても暗黒面はないわけではなかった。第一に量の偏重の結果、質的な面が無視され、製品は粗悪品が多く、使用にたえないか、または絶えまない修理を必要とした。第二に軽工業部門が軽視された結果、消費財の不足をきたし、農産物の収穫減と相ま

って一九三二年から翌年にかけてソヴィエト連邦は、飢餓と悪疫とに悩み、数百万の餓死者を出した。ソヴィエト政権は切符制度を採用してこの危機を突破しようとしたが、輸送の不円滑と官僚制度の無理とが累積して、五ヵ年計画の表面的完遂にもかかわらず、スターリン政権は未曾有の危機に直面した。しかし労働者と農民との勤労大衆に根をおろした政権は強かった。労働者は突撃隊運動や社会主義競争に参加することによって、率先して自発的に搾取に応じた。農民は抵抗しながらも黙々としてコルホーズで働いた。実に第一次五ヵ年計画はソヴィエト連邦の勤労大衆の血と汗とでもって遂行されたのである。

第一次五ヵ年計画が一九三三年のはじめに終了すると、ただちに第二次五ヵ年計画が開始された。第二次五ヵ年計画は、第一次五ヵ年計画によって拡充された基礎産業をさらに一段と強化するとともに、機械工業、化学工業、繊維工業、食料品工業などの部門に最重点をおき、国民の生活水準引き上げをねらっていた。一九三二年に始まるソヴィエト連邦東西両国境における侵略戦争の脅威は、消費財部門の生産増強をはなはだしく阻害して、重工業部門の拡充のために国民生活を犠牲にするというやむを得ない状態になったが、それにもかかわらず一九三五年には切符制度も廃止され、ソヴィエト連邦の国民生活は相当緩和されてきた。工業製品の質もはるかに改善され、農業の集団化もずっと無理なく行われて、しかも一九三七年には農業経営の九三％、播種面積の九九・一％を占めることとなった。

第二次五ヵ年計画は一九三七年四月一日四年三ヵ月間をもって完了された。スターリン政権は一九三七年の工業生産が資本主義国においては一九二七年の九五%ないし九六%であるのに対し、ソヴィエト連邦においては実に四二八%であり、農業についても一九一三年に比し播種面積は三〇%、収穫高は四〇%増加したと豪語することができた。しかし、右のような五ヵ年計画の成功にもかかわらず、ソヴィエト連邦は未だ先進国を追い越すどころか、追いついてさえもいない。工業生産が総生産高中に占める割合は、一九二三年の四二・一%から、一九三七年には七七・四%に高められ先進国に近づいたが、労働者一人当たりの生産性、人口一人当たりの消費高は先進諸国に比して格段に低い。一九三五年度におけるソヴィエト連邦の人口一人当たり石炭消費高は〇・七キロトンで、イギリスの七分の一、ドイツの三分の一にすぎず、鋼塊消費高は六七キログラムで、アメリカの四分の一、ドイツの五分の一にすぎない。軽工業においてはいっそう悪く、毛織物は一人五〇センチメートルで、イギリス、アメリカの約十分の一にとどまり、靴は半足、すなわちドイツ、フランスの三分の一、アメリカの六分の一にすぎない。

このようにしてソヴィエト連邦は両次の五ヵ年計画による巨人の歩みにもかかわらず、未だツァーリズムの遺産である後進性を克服するに至っていない。

3　第二次世界大戦

世界革命の怒濤が退潮に転ずると、第三インターナショナルによる社会主義戦線の分裂に乗じ、第三インターナショナルの戦術上の過誤をついて、ファシズムが随所に台頭し始めた。ファシズムはモスクワ・インターナショナルによるボリシェヴィズムの強制輸出が生んだもので、資本主義のもっとも脆弱な、したがってプロレタリア革命への条件がもっとも成熟している諸国において、国民大衆の祖国愛を利用してボリシェヴィズムから資本主義を防衛しようとするものであった。ファシズムは実に世界革命の鬼子である。ファシズムは中間階級、失業者、暴力団などいやしくもボリシェヴィズムに対抗しようとするあらゆる無知な大衆を、好戦的侵略的愛国主義の麻薬をもって資本主義防衛のために動員し、ボリシェヴィズムの党組織、戦略および戦術をそのままボリシェヴィズム撲滅のために逆用したところ[*14]に、従来の保守反動と根本的に異なる点がある。そしてファシズムを勝利に導いたものは、つねに第三インターナショナルによる自由主義者、民主主義者および社会民主主義者に対する狂気じみた罵倒であった。ボリシェヴィズムの側からの憎悪と嫉視とは必然的に自由主義者、民主主義者および社会民主主義者を右傾させて、民主主義陣営の戦線分裂はファシズムの勝利に対する前提条件を作りあげた。一九二一年ソヴィエト政権が新経済政策を採用するに伴い、第三インターナショナルは統一戦線政策をもって社会民主主義者に働きかけたが、第三インターナショナルの不信と裏切りとは社会民主主義者の臆病に拍車をかけ、統一戦線政策はコミンテルンの単なる切り崩し政策に堕した。

ファシズムの勝利はまずイタリアに始まった。一九二二年イタリア社会主義陣営が、第三インターナショナルの独善的戦術によって四分五裂した間隙に乗じて、社会党から愛国主義者に転向した誇大妄想狂のムッソリーニが、王党、軍部、大地主、大ブルジョアの援護のもとにローマ進軍を断行して世界最初のファシズム政権を樹立した。

それから五年後、第三インターナショナルは中国において惨敗し、国民党は共産党の不信に激昂してこれに鉄火の弾圧を加えた。ついで五年後には満州および華北において、日本軍閥が第三インターナショナルによるアジアの赤化を防止することを口実に侵略戦争にのりだした。翌年にはドイツ共産党とドイツ社会民主党との抗争に乗じて、コミンテルンの拙劣なドイツ赤化政策の欠陥を鋭くえぐりつつ、天才的賭博師ヒトラーが反ユダヤ主義と反ヴェルサイユ条約とを看板として、失業により理性を失ったドイツ国民をあざむくことに成功した。*15

一九三一、二年における満州事変の発展と、一九三三年一月におけるヒトラー政権の成立とは、ソヴィエト政権を驚愕させた。ソヴィエト連邦は今や東西国境において、両面戦争の危険にさらされたからである。ソヴィエト政権はその対外政策とコミンテルン政策とを大幅に修正することを余儀なくされたことは当然であった。

ところが満州事変とヒトラー政権とは、単にソヴィエト連邦を脅威しただけではなかった。それはイギリス、フランス、アメリカなどのようないわゆる持てる国に対して、地球の再分割を要求する面をもっていた。日本は中国に関する九ヵ国条約やロンドン条約、ワシントン条約の改訂を、ドイツはヴェルサイユ条約の廃棄を、イタリアはエチオピアを要求した。ここにおいてイギリス、フランス、アメリカなどの民主主義国が、日本、ドイツおよびイタリアのファシズムから自己を防衛する必要を感じたのは当然といわねばならない。

こうして、ソヴィエト連邦と民主主義諸国とはドイツおよび日本のファシズムに対抗するためにおのずから接近せざるを得ないこととなった。一九三三年十一月、すなわちヒトラー政権成立後十ヵ月、日本の国際連盟脱退後八ヵ月、ドイツの脱退一ヵ月後に、アメリカはソヴィエト連邦を正式に承認し、米ソ友好関係の礎石をおいた。ソヴィエト連邦は翌年九月国際連盟に加入し、常任理事国となって連盟内に重きをなすこととなった。翌三五年には普通平等秘密選挙制に基づくスターリン憲法が採用され、ソヴィエト連邦が民主主義への方向をたどっていることが誇示された。[*16]

このようなリトヴィノフ外交の成功と並行して、第三インターナショナルもまたその政策を一変させた。すなわち一九三五年七月から八月にかけて、実に七年ぶりで開催されたコミンテルンの世界大会は、ファシズム防衛のためのいっさいの民主主義勢力との共同闘争、すなわち人民戦線政策を採用した。人民戦線政策はたちまち全世界にわたって実現され、スペイン、フランスには相ついで人民戦線内閣が出現した。また中国においては一九三六年に国民党と共産党とが九年ぶりに和解をとげ、抗日民族統一戦線を結成した。

スペインの人民戦線内閣に対するスペインのファシスト・フランコ将軍の反乱は一九三六年夏からついに長期の内乱にまで発展し、人民戦線側とファシズム側との援助をめぐってイギリス、フランス両国対イタリアが尖鋭に対立することとなり、ヨーロッパは一触即発の危機に臨んだ。中国における抗日民族統一戦線に対しては、一九三七年夏日本ファシズムが、拙劣な挑戦をあえてし、ついに八年間にわたる日本と中国との戦争が開始された。

ソヴィエト連邦は反ファシズム人民戦線外交の推進によって、ヒトラー・ドイツと日本軍国主義とに対するソヴィエト連邦の国際的地位を向上させるかたわら、党および赤軍内に大規模な粛正を断行して国内体制の強化に努め、他面第三次五ヵ年計画の遂行に着手した。第三次五ヵ年計画はもっぱら軍需工業の拡充による国防の強化を目標とするものであった。すなわち第一に航空機、戦車、兵器、弾薬の生産を飛躍的に拡充すること、第二にこれらの軍需生産の基底ならびに鍵となるべき非鉄金属ならびに工作機械工業を確立すること、第三にレニングラード、ウクライナなどドイツ軍の侵略目標となりやすい地域に集中しているソヴィエト連邦重工業の重心をウラルならびに西シベリア方面へ移すこと、この三点が第三次五ヵ年計画の骨子であった。

ソヴィエト連邦は第三次五ヵ年計画を推進するとともに、国内に不足するゴム、錫、銅、ニッケルなど戦略原材料を大量輸入し、ストックの増加をはかった。またソヴィエト連邦は一九三九年および四〇年の豊作に恵まれたので、膨大な食料品を貯蔵して戦時に備えることができた。

一九三八年三月ヒトラー・ドイツがオーストリアを合併し、ついで十月ズデーテン地方を奪取するに及んでヨーロッパの危機は頂点に達した。ソヴィエト連邦はチェコスロバキアと相互援助条約を結んでいたが、イギリスとフランスとがソヴィエト連邦を無視して、ヒトラー・ドイツとミュンヘンにおいて妥協したため、ドイツ・ファシズムの暴行を黙視するよりほかはなかった。

ヒトラー・ドイツはイギリス、フランスなどの民主主義国が、資本主義国として社会主義ソヴィエト連邦と利害が必ずしも一致しないのに乗じて、反ソヴィエト十字軍の結成を外交政策の基本方針とし、ヨーロッパの赤化を防ぐものはナチズムだけであることをイギリスとフランスとになっとくさせようとした。こうしてイギリスの外交政策はヒトラー・ドイツの宥和に道草を食ったが、一九三九年三月ヒトラーが無謀にもミュンヘン協定をふみにじってチェコスロバキアを解体するに及び、イギリス帝国の決意は定まった。イギリスはナチズムがボリシェヴィズム以上にヨーロッパを脅威するものであり、ナチズム打倒のためにはソヴィエト連邦との協力が必要であることを認識し、ここにモスクワにおけるソヴィエト連邦、イギリスおよびフランスの三国会談が開始された。

一九三九年九月ドイツがポーランドを侵略したことは、イギリスとフランスとをドイツとの戦争に向かわせた。ヒトラーはチェコスロバキア併合の暴挙によって、反ソヴィエト十字軍結成のためのいっさいの努力をみずから水泡に帰してしまった。イギリス、フランスとドイツとの戦争はソヴィエト連邦を一時戦争の危険から遠ざけたように見えたが、ドイツがフランスを粉砕してバルカン政策を強行するに至り、ソヴィエト連邦はドイツとの戦争が避けることのできないことを認識した。一九三九年八月のドイツとの不可侵協定は単に独ソ戦争の勃発を二ヵ年の間ひきのばし、ソヴィエト連邦に時をかせがせただけであった。

一九四一年六月二十二日ヒトラー・ドイツは、果然ソヴィエト連邦に対する侵略戦争を開始した。ヒトラーは電撃戦によって半年間でソヴィエト連邦を屈伏させる予定であったが、開戦一ヵ月間でそれが致命的誤算であることが判明した。またヒトラーはソヴィエト連邦と一戦することによってイギリスの保守勢力を反ソヴィエト十字軍に誘引する魂胆であったが、イギリスがただちにソヴィエト連邦と攻守同盟を締結したことによってその期待はむなしく打ち破られた。同年末には、日本の無謀な真珠湾攻撃が契機となってアメリカもドイツとの戦争に加担した。

ソヴィエト連邦がドイツ・ファシズムとの戦争をイギリスおよびアメリカと同盟して遂行することとなったことは、スターリンの外交の偉大な勝利であり、ヒトラー外交の無惨な敗北であった。イギリス、アメリカおよびソヴィエト連邦の三大国に宣戦することによって、ドイツ・ファシズムはみずから墓穴を掘り始めた。

しかし、ソヴィエト連邦は白海から黒海に至る長大な戦線にドイツ・ファシズムの猛襲を受け、開戦後三年間ほとんど独力で、ドイツ国防軍の鋭鋒を支えねばならなかった。開戦後五ヵ月間でソヴィエト連邦はウクライナの大半を占領され、レニングラードを包囲された。このようにしてソヴィエト連邦は鉄鋼および石炭生産の六〇%、農業生産の五〇%を喪失した。一九四一年十一月ドイツ国防軍がモスクワを半月形に包囲したときには、ソヴィエト政権は非常な危機に臨んだ。

ソヴィエト連邦は開戦と同時に、スターリン首相を議長とする国家防衛委員会を設け、国務と統帥のいっさいをこの委員会にゆだねた。政府、党、赤軍、市民はすべてこの委員会の指令に絶対服従を要請され、国家防衛委員会はソヴィエト国民の生殺与奪の権限を掌握することとなった。委員会はただちにスターリン以下モロトフ、マレンコフ、ベーリヤ、ミコヤン、ブルガーニンなどスターリン直系の少壮党指導者のもとに精力的な活動を開始した。

国家防衛委員会の活動はまずウクライナ地方の重要工場をウラル以東へ移駐することから始まった。戦争中に、ドイツ軍の砲火を前にして、膨大な軍需工場を数千キロメートル移駐するという言語に絶する困難な課題は、国家防衛委員会の強力な指導下に、ソヴィエト連邦の工場管理者、技師、労働者、鉄道従業員の超人的な闘魂によってみごとに遂行された。

こうして前線の将兵が圧倒的に優勢なドイツ軍の猛襲を死をおそれない肉弾で食い止めている間に、ウクライナの重要工場はほとんど全部ウラルかクズバスに移され、ただちに生産を再開することができた。十月から十一月にかけてのモスクワ攻防戦が、赤軍の敢闘によってソヴィエト連邦の勝利に終わったことは、独ソ戦の運命を決した。一九四二年春からドイツ軍はふたたび大攻勢を開始したが、その時ソヴィエト連邦はすでに工場移駐を終わって、社会主義競争による猛烈な増産を開始していた。同年十月赤軍がスターリングラードにおいて大反攻を展開し、アメリカおよびイギリスの連合軍がこれに呼応してアフリカに上陸作戦を開始するとたちまち、ソヴィエト連邦は守勢から攻勢に転ずることができた。それ以来赤軍は連戦連勝を続け、ついに一九四五年五月ベルリン城頭に赤旗を掲げた。

ソヴィエト連邦がドイツ・ファシズムを打倒できたのは、開戦に至るまでのスターリン外交が反ソヴィエト十字軍を反ナチス十字軍に転化できたこと、開戦前における軍需品、原材料、および食糧の大量貯蔵によって緒戦のもっとも困難な段階をのりきることができたことなどがあげられるが、何よりも重要な要因はソヴィエト国民の強烈な愛国心であった。赤軍が示した恐るべき勇気はドイツ軍を恐怖させ、ソヴィエト労働者および農民のものすごい敢闘は赤軍に優るとも劣らなかった。二ヵ年半の包囲にたえたレニングラードの英雄的抗戦は人類の歴史に不朽の足跡をとどめるであろう。ドイツ・ファシズムのスポークスマンはこれをソヴィエト連邦人のアジア的野蛮に基づくものとして説明しようと努めたが、帝政ロシアの軍隊も国民もソヴィエト連邦のそれと同じ民族に属することを忘れてはならない。ソヴィエト連邦の兵士および市民の英雄的抗戦は、もっぱらソヴィエト連邦が特権階級の国家ではなくて、労働者および農民の国家であることに基づいており、ここにいわゆるソヴィエト愛国主義の基盤がある。

ボリシェヴィズムはツァーリズム国家を否定し、排撃し、打倒したが、決して反国家思想ではない。軍閥、官僚、貴族、大地主、ブルジョアジーのツァーリズム国家とは徹底的に闘争したが、ソヴィエト国家および各構成民族に対する祖国愛と民族愛とは決して否定されず、いなこの祖国愛と民族愛こそ、ボリシェヴィキの革命精神の淵源であった。しかもこのソヴィエトの祖国愛、民族愛がいっそう高次元の人類愛すなわち人類解放の理想と不可分に結びついていることが、ヒトラーリズムの動物的な種族本能にうちかった根本的原因であることについては、スターリンが一九四四年十一月七日の演説で明確に述べている。

内乱がボリシェヴィキ政権とロシアとを一体化したように、第二次世界大戦はボリシェヴィキ政権をロシアの祖国と不可分に結びつけた。この意味でスターリンが独ソ戦争を祖国戦争と呼んだことは正当である。独ソ戦は内乱につぐボリシェヴィキ政権の第二の祖国戦争であった。

しかし、ひるがえって考えると、ソヴィエト政権をヒトラー・ドイツと戦わざるを得ないようにしたもの、進んではファシズムを生んだものは実に第三インターナショナルの誤謬であったことを忘れてはならない。ソヴィエト連邦は、死者二千万、破壊焼失都市千七百、村落七万という莫大な犠牲をもって、みずからまいた種を刈り取ったわけである。この意味において一九四三年スターリンが第三インターナショナルを解散したことは、単なるアメリカおよびイギリスに対する外交的ジェスチュアであるという以上に象徴的な意味をもっている。

ソヴィエト連邦は第二次世界大戦に完勝することによって、十月革命を完成した。内乱によって意外な強靭性を示したボリシェヴィキ政権は、第二次大戦を通じてその不敗を証明した。もはやどのような愚者もソヴィエト連邦の征服や、ボリシェヴィキ政権の顚覆を考えまい。しかし他面今日のソヴィエト連邦は困難な立場にあるともいえる。なぜならば、十月革命以来第二次世界大戦の終了に至るまで、ソヴィエト政権は資本主義世界内の矛盾と対立とを十二分に利用することができた。十月革命の成功も、内乱の克服も、第二次世界大戦における勝利もすべて資本主義世界内の矛盾対立を利用して獲得されたものである。ところが、今日ソヴィエト連邦はあまりにも強大となったので、もはや資本主義諸国内の対立抗争を利用すべき立場にない。ここにソヴィエト連邦にとって一つの大きな危険が生じたものというべきである。

第八章　結　言

ロシア革命はロシアの社会と歴史との特殊性を無視しては絶対に理解できない。ロシア社会の歴史的後進性こそロシア革命の原因であり、革命後三十年になろうとする今日においてもソヴィエト連邦はロシア社会の歴史的後進性を克服してはいない。[*1] ソヴィエト連邦は一九四六年第四次以下第六次に至る三つの五ヵ年計画を発表し、アメリカを目標とする生産力増強にのりだした。おそらくソヴィエト連邦はこれらの増産計画を完遂し、十五年後においてはアメリカと比肩できる大工業国となるであろう。しかし、たとえ第六次五ヵ年計画が完全に成功した暁においても、ソヴィエト連邦の人口一人当たり工業生産力は第一次大戦前のアメリカの水準に辛うじて達することができるにすぎない。ボリシェヴィキ政権の超人的努力にもかかわらず、ソヴィエト連邦は経済的に依然後進国であることに変わりはない。

文化的後進性に至っては重工業生産の数字が示す以上にはるかに大きい。宗教改革と文芸復興を経験しないソヴィエト連邦の国民は人格の尊厳、人間性の尊重に関しては極端に立ち遅れている。したがって政治も、国民の自発的創意に基づく真の民主主義となることができず、ボリシェヴィキ党の独裁にならざるを得ず、また党内の民主主義もレーニン没後における反対派の弾圧を通じて消滅した。反革命陰謀団の信じがたい〝犯行〟は民主主義の欠如に基づく当然の帰結である。こうして一九三五年の憲法改正によって完全な普通平等秘密選挙制が採用されたにもかかわらず、ソヴィエト連邦は全体主義国家であるといわれても仕方がない。

しかし人はソヴィエト連邦の欠陥を発見することに熱中してはならない。ソヴィエト連邦はなるほど未だ経済的にも、文化的にも後進国であろう。しかし、十月革命以来三十年間にこれだけの進歩を成しとげたことは驚嘆に値する。三十年間は歴史の尺度においてきわめて微々たるものである。今後三十年間にソヴィエト連邦はさらに長足の進歩をとげるであろう。[*2]

ソヴィエト政権が独裁制であることを非難することは、歴史に対する無知を表現する以外の何ものでもない。あらゆる革命政権は独裁によらなければみずから保持しえないことは歴史の鉄則である。人はソヴィエト連邦の独裁主義を攻撃する前に、何が十月革命を必然的にしたかを深く反省すべきである。ツァーリズムのアジア的野蛮は、ロシアに平和な民主主義的な発展の軌道に代えて革命の荊棘の道を強制したのである。

この意味でスターリンが一九四六年七月イギリス労働党使節団に対して、次のように語ったことは意義が深い。[*3]

「社会主義への道にはソ連流と英国流との二つの道がある。われわれ英ソ両国がそれぞれ自己流の道によって社会主義の目的地に到達しようとしていることは明らかだ。ソヴィエト連邦の道は短いが困難で流血を伴う。これに反し英国の議会制は流血を伴わないがその道は遼遠だ。英ソ両国の進む道の相違がどのようなものであろうとも、世界の大国であるイギリスとソヴィエト連邦とが、ともに社会主義の方向に動いているということは偉大な歴史的事実が示している」

まさにそのとおり、社会主義への道は二つある。いなもっとたくさんあるであろう。しかも各国はこれらの道を任意に選択できるのではないことを忘れてはならない。ソヴィエト連邦には十月革命から独ソ戦に至る道が、イギリスにはアトリー内閣による漸進的社会化の道が、それぞれの国の歴史と社会との特質から規定された。

一国社会主義の建設が成功したにもかかわらず、世界革命が惨澹たる失敗に終わったことは、したがって何ら奇怪ではない。ボリシェヴィズムの強制輸出による世界革命はただファシズムを生んだにすぎなかった。コミンテルンの意図したような世界革命は絶対にこないことは、もはや何ぴとにも明らかであろう。

第一次大戦は地球の六分の一を赤化したが、第一次大戦よりもはるかに大きな破壊を伴った第二次大戦は世界のどこをも、——おそらく赤軍の駐屯地域は別として——赤化しなかった。しかし、このことは世界が社会主義への方向へ進んでいることを否定することにはならない。*4

ソヴィエト連邦はその極端な後進性のゆえに、かえって世界最初のプロレタリア政権をもち、先進国よりも一足先に社会主義に進むこととなった。ソヴィエト連邦の社会主義はその後進性のゆえに、発達しきった生産力を前提として、単に生産手段を社会化するというようなものではあり得なかった。それは資本主義に代わって産業革命を遂行し、工業を建設しなければならなかった。したがって現在のソヴィエト連邦は完成された社会主義経済をもっているわけではなく、工業における特殊な国家資本主義と、農業における特殊な協同組合主義から、社会主義へまっしぐらに進んでいる中間段階にあるというべきである。プロレタリアの社会主義国家が産業革命を遂行し、工業を建設するところに、通常の国家資本主義概念とはまったく異なるソヴィエト資本主義ともいうべき経済機構が生まれたことは注目すべきである。

ソヴィエト連邦のパラドックスは経済に関してばかりでなく、政治にも厳存する。ツァーリズムの狂暴による後進性のゆえにブルジョア民主主義を経験しなかったソヴィエト連邦は、一党の独裁によって国民の政治的関心をたかめ、こうして民主主義を育成しなければならないこととなった。スターリン憲法や第二次大戦は疑いもなくこの方向へ寄与した。

勤労大衆のボリシェヴィキ党への大量入党は、党における旧幹部を後退させて続々政治的に無色な新人を登場させている。レーニン時代の政治局員中今日も残存しているのはスターリンただ一人であり、トロツキー、ジノーヴィエフ、カーメネフ、ブハーリン、ラデック、ピャタコフなどはなやかな革命家はあるいは処刑され、あるいは暗殺され、これに代えてモロトフ、カガノヴィチ、ジュダノフ、マレンコフ、ベーリヤ、ミコヤン、ヴォズネセンスキー、ブルガーニンなどの現実政治家、事務家がソヴィエト政権を率いている。*5 ソヴィエト連邦は上からの指導によって今後しだいに民主主義の方向に進むであろう。死刑が減少し、刑罰がしだいに緩和されていることは、ソヴィエト連邦が革命期を経過したことを示すと同時に、ボリシェヴィズム政権の民主化を証するものである。

文化の領域におけるパラドックスも無視できない。文芸復興と宗教改革とを経験しなかったロシア国民は、ソヴィエト政権のもとに十八世紀流の素朴唯物論によって啓蒙されている。芸術、自然科学、社会科学などいっさいの分野にわたって、強力無比の国家権力が後進性の克服のために動員されている。ロシア国民の天才はすでに相当の多数の点で、先進諸国民を凌駕し始めた。このようにして先進諸国民が文芸復興、宗教改革、市民革命、産業革命、社会主義革命などの形態で七百年にわたって遂行してきた進化の過程を、ロシア国民は十月革命以来わずか三十年間に強行しようとしているといえよう。ここにロシア革命のもつ特異性がある。*6

ロシア革命はこのように、ロシア社会の歴史的後進性を離れては理解できない。しかし、ロシア革命の中に単にロシアの特殊性だけを見て、そこに人類解放、人間性実現への普遍的意義を見逃すことは許されない。ロシア革命はただ地球の六分の一と一億五千万の住民を、ツァーリズムの奴隷制から解放しただけではなく、反動の牙城ツァーリズムを覆滅することによって、実に人類解放、人間性実現への巨歩を進めた。この意味において、フランス革命が十九世紀を方向づけたように、ロシア革命は二十世紀の動向を決したものというべきである。

注

第一章

1本書執筆後、この点でいちじるしい変化が起こった。一九四八年にはユーゴスラビア共産党がモスクワから離反し、一九五〇年代の末期から中国共産党とソ連共産党との対立がはじまり、今日まで激化の一途を辿っている。

2本書の執筆後中国、北ベトナムおよびキューバが共産化した。

第三章

1ドイツ社会民主党のマルクス主義が、マルクス・エンゲルスの革命思想と本質的に異なることは後にふれる。Karl Korsch: Die materialistische Geschichteauffassung, 1929, S. 4, S. 128 参照。

2プレハーノフのヘーゲル哲学に関する論文（笠信太郎訳『ヘーゲル論』岩波文庫版）を見れば、彼のヘーゲル研究が非凡の深さを持っていることが知られる。実にプレハーノフは、十九世紀後半の「哲学の大空位時代」における極少数の例外に属する哲学者であった。しかし彼の『マルクス主義の根本問題』には、彼のヘーゲルに関する深い理解の片鱗も現れていないことはすこぶる遺憾である。そこでは弁証法はヘーゲルやマルクスにおけるような生き生きとした具体性を失って、死んだ形骸と化している。これはエンゲルスの晩年における哲学的転落（『フォイエルバッハ論』）と、レーニンによる後述の党略哲学（『唯物論と経験批判論』）との中継をなすものとして注目に値する。

3たとえばレーニンの『マルクス主義の三つの源泉と三つの構成部分』によれば「人類の最も進んだ世界観としての弁証法的唯物論は、……全体としてのマルクス主義と同じく、人類が十九世紀に、ドイツの哲学、イギリスの経済学およびフランスの社会主義という形で創造した、貴い遺産の正当な継承者である」(『レーニン全集』第二六巻三四九頁) またアドラツキー版『資本論』に収録されたレーニンの『カール・マルクス』にも同様の叙述があり (同書三三頁)、その他類似の個所は枚挙にいとまがない。わが国の亜流に至っては全然理屈ぬきで、このドグマを御託宣として垂示している。『中央公論』一九四六年七月号の伊豆公夫の論文参照。

4 マルクス・エンゲルスの課題が、ドイツ革命に出発していたことは、例えば『ヘーゲル法哲学批判序説』の最初の部分で、マルクスがはっきり明言している。(Nachlaß I. S. 385) マルクスの革命思想の原型を浮彫にした『ヘーゲル法哲学批判序説』全体が、実はドイツ革命の序説にほかならないことは、同書の末尾がドイツ解放の基本的条件を分析することに終わっていることで示されている。

5 Marx, Engels: Nachlaß I. S. 388, S. 394, S. 396.

6 同 I. S. 396. マルクスがドイツのブルジョアジーをいかに軽侮し、ドイツの現状にいかに憤激したかは『ヘーゲル法哲学批判序説』の全文に露呈されている。とりわけ「ドイツの現状に宣戦布告だ! もちろん、ドイツは歴史の水準以下であり、批判にさえも値しないほどだが、犯罪者が人倫の水準以下にありながら、依然刑吏の手をわずらわすように、ドイツも批判の対象としなければならない」(S. 386) といいきっているところは、いささか青年客気にはやった感がある。しかしマルクスの祖国罵倒の奥に、彼の烈々たる祖国愛が沸騰していることを見抜かない人があれば、盲目のそしりをまぬがれない。さらに『共産党宣言』の末尾において、マルクスが「共産主義者はドイツに主たる関心を払う……」(S. 52) と記していることは、マルクスとドイツ革命との関係を明示しており、その後も『ゴータ綱領批判』などにおいて、マルクスのドイツ革命に対する終始一貫した態度が繰り返し繰り返し語られている。マルクスとエンゲルスとが亡命後もいかに祖国ドイツに愛情をもったかは、両者の往復書簡とくに独仏戦争当時のものに現れている。

7 Marx, Engels : Nachlaß I. S. 386.

8 同 I. S. 396.

9 同 I. S. 397.

10 同 I. S. 395.

11 同 I. S. 395.

12 同 I. S. 397.

13 マルクスにおけるプロレタリアートという概念が高度の哲学的範疇であることを明らかにしたのは、ゲオルク・ルカーチの功績である。彼の Geschichte und Klassenbewußtsein, 1923 中に収録されている階級意識、物化とプロレタリアートの意識などの諸論文がこの点で有益である。しかしマルクスの概念をこのように理解することが正当であることは、マルクスが『経済学哲学草稿』中ではっきり説いている。たとえば同書（『全集』第一部第三巻）一四五頁参照。

14 『精神現象学』（ラッソン版）一六五頁

15 マルクスのホモ・ファーベル観は『経済学哲学草稿』（『全集』第一部第三巻）において最もよく把握できる。特にその一五七頁では「労働は人間の自覚である」と言い、一六八頁では「労働は人間の自己実現ないし自己客体化である」と説き、八七頁では「労働は生命活動である」と述べている。マルクスの労働に対するこのような考え方は、決していわゆる原始マルクス主義の段階に限られていないことはいうまでもない。例えば、『資本論』（アドラツキー版）第一巻五二頁注一六において、マルクスはアダム・スミスが「労働の支出をば、ふたたび単に安息、自由および幸福の犠牲とだけ解して、正常な生命活動(normale Lebensbetätigung) とは解していない」ことを批判している。

16『経済学哲学草稿』（『全集』第一部第三巻）三八頁において、マルクスは「労働者がみずからの生産物の中に疎外されるということは、単に彼の労働が一つの対象すなわち外的存在になることを意味するにとどまらず、彼の労働が、彼の外に、自立して、彼からはなれて、彼に対して独立した一勢力となり、彼がその対象に与えた生命が、逆に彼に敵対し、反対することを意味している」と述べている。この人間の自己疎外の結果、いかに嫌悪すべき人間ないし人間性の危機を招来するかは、『経済学哲学草稿』全篇にえぐり出されているが、とくにその九三頁に「われわれは、私有財産の起源の問題を、人類の発展過程に対する疎外労働の関係の問題に転化することによって、課題の解決に必要なことの大半をなしとげたわけだ」といいきっている点を注目せよ。

17『共産党宣言』（エレメンタール版）三五頁

18マルクスは、『経済学哲学草稿』（『全集』第一部第三巻）四三頁において、「経済学者は、本来労働の生産物は労働者に帰属するといいながら、一方において彼は現実においては労働者の受取るのは生産物の極少部分すなわち労働者が人間として生存するのに必要な量ではなくして、労働者として生存するのに必要な量、換言すれば人類を存続させるためではなくて、労働者という奴隷階級を存置するための必要量にすぎないと説いてみずから怪しまない」といいきって、ブルジョア経済学の欺瞞性を徹底的にあばいている。

19『ヘーゲル法哲学批判序説』（Nachlaß I）三九七頁

『経済学哲学草稿』（『全集』第一部第三巻）一一七頁および一一四頁

『ドイッチェ・イデオロギー』（『全集』第一部第五巻）二四頁、二六頁

20 Marx, Engels : Nachlaß I. S. 393.

21『共産党宣言』四一頁

22『ヘーゲル法哲学批判序説』（Nachlaß I）三

九二頁
23　同　三九三頁
24　同　三九八頁。さらにそのすぐ後でマルクスは次のように結んでいる。「ドイツ人の解放は人間の解放である。この解放の頭脳は哲学であり、心臓はプロレタリアートである。哲学はプロレタリアートを止揚しないでは実現され得ず、プロレタリアートは哲学を実現しないでは解放され得ない」
25　『資本論』においては、人間の自己疎外という哲学的表現の代わりに、商品の物神性(Fetischcharakter der Ware, od. Warenfetischismus)という概念が使用されているが、内容はまったく同一である。『資本論』第一巻第一章第四節「商品の物神性とその秘密」は、『資本論』全体の秘密を解く鍵であり、この部分を理解できない俗流マルクス主義者にとっては、『資本論』がなぜ経済学批判と副題されているかが絶対にわからない。実に商品の物神性すなわち人間の自己疎外こそブルジョア社会における人間の堕落の本質をつくものであり、人間の労働力はもとより、信義名誉もさらには貞操までも、金銭で売買する拝金主義に対する最も根本的な批判を意味する。この点はエンゲルスがその処女作『イギリスの状態』(一八四四年)でカーライルの拝金主義批判に関連して強調するところである。
なおマルクスが商品の物神性の節で、「だから(商品の物神性の)類例を見出すためには、われわれは宗教的世界の妄想境に逃避しなければならない。ここでは、人間の頭脳の諸生産物が、独自の生命を賦与された、相互にかつ人々の関係を結び合った、自立的な諸姿態のように見える」と説いていることは、『資本論』が『ヘーゲル法哲学批判序説』とまったく同様の理論的構造をもっていることを示すものとして注目すべきである。
26　ヘーゲル哲学のモティーフは、ベルン時代の習作『キリスト教の積極性』一七九五年およびフランクフルト時代の断片『キリスト教の精神とその運命』においてすでに明確な形態をとっている。なかんずく後者では、ユダヤ的、カント的な法律の精神に対する愛による宥和の精神が高揚されている。このモティーフは『精神現象学』から晩年の『法哲学』、『歴史哲学』、『宗教哲学』に至るまで一貫している。

27『共産党宣言』五二頁

28マルクスの『ヘーゲル法哲学批判序説』や、『共産党宣言』の中に彼の祖国愛を読み取ることのできない人は、何が愛国心であるかを解しないものというべきである。およそ愛国心には革命的なものと、保守的なものとの二つが考えられるが、後者は支配階級の特権擁護と混同されがちであって、前者だけが、真に純粋な愛国心というべきである。ジャコバン、ボリシェヴィキの愛国主義は前者の典型である。『共産党宣言』の中でマルクスが「プロレタリアに祖国なし」といったのは、共産主義は国民性の相違を撤廃しようとするという反動陣営の中傷に対して、現存社会においてはブルジョアジーの階級支配のために労働者階級は元来祖国を奪われているがゆえに、本来持っていないものを奪うことはできないはずだと皮肉ったのである。マルクスが祖国を否定したのでないことは、すぐその次に「プロレタリア階級はまず政権を掌握することによって、自己を国民を代表する階級(die nationale Klasse)に高め、みずからを国民として形成しなければならないから、ブルジョア階級の意味とはまったく異なるとはいえ、それ自体なお国民的である」と説いていることでも明らかである。マルクスが非難し、根絶しようとしたのは、民族そのものではなく、一民族の他民族による圧迫ないし差別待遇である。

29『全集』第四巻三八二頁、四五六頁

30 Rosa Luxemburg : Die Organisationsfrage der russischen Sozialdemokratie, 1904.

31『全集』第四巻四五六頁
32『党史』四〇頁
33同　四一頁
34同　四二頁
35同　四四頁、五〇頁
36『全集』第六巻三二八頁
37ナロードニキがしだいにロシアの現実から遊離したイデオロギーに化するとともに、その堕落が始まったことはもちろんである。レーニンは九〇年代以後のナロードニキが、ツァーリズムに屈伏しようとしたことを峻烈に批判している。『全集』第一巻二六一頁
38Georg Lukács : Lenin, 1924, S. 21.

第四章

1『党史』二七、二八頁
2同　二九頁
3同　二九頁
4同　五四頁
5『党史』五五頁。この点に関する『党史』の記述は疑わしい。
6同　五七頁
7同　七四頁
8同　七九頁
9『全集』第二五巻二二三頁
10トロツキー『革命史』（ドイツ版）下巻四八八頁
11Sinowjew : Vom Werdegang unserer Partei, 1920, S. 26.
12Lenin : Rede über die Revolution von 1905, 1925 参照。
13『党史』六一頁
14同　六二頁
15『全集』第八巻三二一頁
16同　五七頁、五八頁
17同　六六頁、九四頁
18同　四七頁
19同　八八頁
20同　七五頁
21同　三五五頁

22 同 六二頁、六三頁
23 同 一〇五頁
24 Trotzki : Die russische Revolution, 1905, S. 228—32.
25『党史』一三七頁
26 同 一四八頁

第五章

1 Stanoyevic : Die Ermordung des Erzherzogs Franz Ferdinand, 1923, S. 54—6.
2 Dobrorolski : Die Mobilmachung der russischen Armee 1914, 1922, S. 28.
3 Schilling : How the War began in 1914, p. 65.
4 Schilling : How the War began in 1914, p. 64.
5 トロツキー『革命史』上巻八一頁参照。
6 Werk des Untersuchungsausschusses VII, 2 Hälfte S. 244 参照。
7 Werk des Untersuchungsausschusses VII, 2 Hälfte S. 363.
8 Fr. Meinecke : Staat und Persönlichkeit, S. 206 参照。
9 Internationaler Sozialistenkongreß zu Paris, S. 27.
10 Internationaler Sozialistenkongreß zu Stuttgart, S. 102.
11 Eugen Prager : Geschichte der U. S. P. D., S. 21. なお開戦後におけるドイツ社会民主党内の分裂の理論的把握については、Siegeried Marck の Reformismus und Radikalismus in der deutschen Sozialdemokratie, 1927, S. 16—32 が最も優れている。マルクは社会愛国派（Sozialpatrioten）、社会平和派（Sozialpazifisten）、社会革命派（Sozialrevolutionäre）の三派をさらに細分して、これに透徹した分析を加えている。
12 Fr. Engels : Politisches Vermächtnis に収録された一八七九年十二月十六日附（同書一二頁）、一八九一年十月二十四日附（同二四頁）、一八九二年九月二十九日附（同二八頁）の手紙は、ドイツがフランスとロシアとの両面戦争に直面するであろうことを予言し、その際ドイツ社会民主党の政府がとるべき作戦計画を示唆している。これらの手紙はエンゲルスの軍事的天才を示すものとしても重要である。

13 L. Trotzki: Mein Leben, S. 226—7.

14 レーニンのヘーゲル研究は『全集』収録の『哲学ノート』において見ることができる。ここに示されているレーニンの弁証法に関する深い理解は、『唯物論と経験批判論』の著者とはまったく別人のものとしか考えられない。これが私が『唯物論と経験批判論』を党略哲学であると断定するゆえんである。

15『党史』一六二頁

16 以下『帝国主義論』による。

17『全集』第一九巻七一頁

18 第二インターナショナルから訣別して、断固たる反戦運動を展開すべしというレーニン派の提議はほとんど支持者を見出さなかった。ローザ・ルクセンブルクの率いるスパルタクス派すらこれを黙殺したことは注目すべきである。ドイツ共産党刊『スパルタクス・ブリーフェ』五七頁、一三二頁参照。

19『全集』第一八巻三二一—七頁

20 Trotzki: Die russische Revolution, 1905, S. 228.

21『党史』一六八頁

22 トロツキー『革命史』上巻一〇七頁

23 同

24 同 一一七頁

25 同 一六二頁

26『全集』第二〇巻二三頁

27『党史』一七四頁

28『全集』第二〇巻一一五頁

29 トロツキー『革命史』下巻二〇頁

30 同 上巻二八三頁

31『全集』第二〇巻八七—九〇頁

32『党史』一七八頁

33『党史』一八一頁

34 Arthur Rosenberg: Geschichte des Bolschewismus, 1932, S. 69.

35トロツキー没落後、トロツキー派は主として外交官となり、ヨッフェ、ユレネフはわが国に来た。彼らはほとんど粛清された。
36『党史』一八〇頁
37トロツキー『革命史』上巻三五〇頁
38同 三六四頁
39同 三六八頁。七月三日ペトログラード・ソヴィエトの四〇%は戦争反対の意志を表示した。
40『党史』一八五頁
41同 一八六頁
42同 一九一—三頁
43同 一八七頁、トロツキー『革命史』下巻三八五頁
44トロツキー『革命史』下巻三九一—六頁、『党史』一八八頁、一八九頁
45トロツキー『革命史』下巻二七七頁
46『党史』一九五頁
47トロツキー『革命史』下巻一一四頁。レーニンは十月六日「同志トロツキー万歳」とトロツキーの態度を絶讃している。
48トロツキー『革命史』下巻四二七頁
49『全集』第二一巻三三〇頁
50『党史』一九六頁、トロツキー『革命史』下巻四七九頁
51トロツキー『革命史』下巻四七五頁、『党史』一九七頁
52ペトログラードにおける十月革命の経過はトロツキー『革命史』下巻五一二—六四七頁にもっともくわしい。

第六章

1『党史』二〇〇頁
2同
3 Arthur Rosenberg : Geschichte des Bolschewismus, S. 112, 113.
4『党史』二〇一頁
5レーニン『国家と革命』(『全集』第二一巻三六五—四五五頁)
6『全集』第二三巻三四三頁

7 同　第二六巻二三頁、同第二二巻二三一頁

8 彼の Der Krieg der versäumten Gelegenheiten, S. 197 以下はブレスト交渉の真相を知るに重要である。

9 Richard Müller : Vom Kaiserreich zur Republik I. 1924 および Werk des Untersuchungsausschusses V. S. 103.

10 Trotzki : Von der Oktober-Revolution bis zum Brester Friedensvertrag, 1918, S. 102.

11 『党史』二〇六頁、『全集』第二二巻一九八頁、第二七巻七頁

12 Werk des Untersuchungsausschusses III. S. 6.

13 トロツキズムには退路がない。世界革命という不確実な要因に、ソヴィエト政権の運命を依存させるところに、トロツキーの現実政治家としての欠陥が露呈されている。これはロシア国民に対する責任感の欠如をも意味することはもちろんである。

14 『党史』二二五―七頁

15 Trotzki : Die Geburt der roten Armee, 1922, S. 10, S. 133.

16 『全集』第二九巻一三九頁以降および二五七頁以降参照。

17 Spartakus Briefe, 1921, S. 57, S. 132.

18 『全集』第二三巻三八六頁。世界革命をソヴィエト政権中心に把握するレーニンの考え方にはモスクワを第三のローマにしようとするロシアの伝統がひそんでいる。ベルジャエフの『ソヴィエト革命論』参照。

19 Eugen Prager : Geschichte der U. S. P. D., S. 132.

20 Werk des Untersuchungsausschusses II. S. 260, Prinz Max von Baden : Erinnerungen, S. 335.

21 Werk des Untersuchungsausschusses II. S. 263, VIII. S. 356.

22 レーニンはロシア革命が成功した特殊な条件として、ソヴィエト政権が国民の渇望する平和を与えることができたことを強調している。『全集』第二五巻二〇五頁

23 Heinrich Ströbel : Die deutsche Revolution, ihr Unglück und ihre Rettung, S. 77—9, S. 113.
24『ドイツ統計年鑑』一九三四年版による。ドイツの農民層がほとんど全部ブルジョア政党に投票したことが決定的であった。レーニンは、ロシア革命が成功した特殊条件の一つとして、ソヴィエト政権が、農民の渇望する土地を与えることができたことを強調している。『全集』第二五巻二〇五頁。ドイツの農民は一八四八年三月革命の結果ほぼ完全に解放されていたから、プロレタリア革命に対しては当然敵対的であった。
25 レーニンがロシア革命の特殊性を十分認識していたことはすでにふれた。『全集』第二五巻二〇五頁
26 Protokoll des II. Weltkongresses der Kommunistischen Internationale, S. 388—95.
27 Sinowjew : Die Weltrevolution und die III. Kommunistische internationale, 1920.
28 Protokoll des III. Weltkongresses der Kommunistischen Internationale, S. 534—57.
29 ローザはソヴィエト・ロシアを批判して、左のような鋭い考察を加えている。(Rosa Luxemburg : Die russische Revolution, 1922, S. 113)「普通選挙権、言論集会の自由および自由討論を欠くときは、公共生活は形骸化し、官僚独善の弊に陥る。数十人の党指導者が支配し、その中でも実際には極少数のおもだった連中が万事を処理する。労働者階級の選良は時折集会に召集されて、指導者の演説に拍手を送り、決議案に満場一致で賛成をさせられる。——これは独裁には違いないが、プロレタリアートの独裁ではなく、一握りの政治家の独裁である」
30 James : World Revolution, 1937, p. 179—. なおドイツ革命の失敗についてはコミンテルン執行委員会の Die Lehren der deutschen Ereignisse, 1924 がくわしい。
31 Gorter : Die Moskauer Internationale, 1921 参

照。
32Thesen und Resolutionen des V. Weltkongresses der Kommunistischen Internationale, S. 30.
33K. Kautsky : Marxism and Bolshevism, 1934, p. 215.
34Max Werner : Sowjetmarxismus in "Gesellschaft", 1927 参照。
35いわゆる弁証法的唯物論を素朴唯物論と断定することに対しては納得しかねる人が多いと思う。しかし存在が先か、思惟が後か、物質が根元的か、精神が派生的か、という『唯物論と経験批判論』の問題のたて方は明らかに弁証法を無視しており、前カント的である。カントの先験主義の意義は、実にこのような独断的方法を批判することにあった。ヘーゲルは『精神現象学』(ラッソン版)四〇九頁で素朴唯物論と素朴唯心論とは、同一の誤謬の異なる現象形態であるといいきっている。ともあれ啓蒙的な素朴唯物論は前衛党組織論、
労農同盟論とならんでレーニン主義の第三の重要な特徴をなしており、前二者と同様にロシアの後進性を反映する。
36科学技術の若干の部門では、今日ソ連は最先進国の一つとなっている。

第七章

1『全集』第二三巻一五五―九二頁
2『党史』二四六頁
3トロツキズムの欠陥をもっとも鋭くついているのは、いうまでもなくスターリンの『レーニン主義の諸問題』に採録された諸論文、なかんずく「十月革命とロシア共産主義者の戦術」である。
4スターリン「レーニン主義の基礎」『諸問題』一一版では修正、第一版参照。
5スターリン「十月革命とロシア共産主義者の戦術」『諸問題』七八―一〇五頁
6『全集』第二七巻三九二頁参照。
7『党史』二六三頁

8 Wie die chinesische Revolution zugrunde gerichtet wurde?, 1928.

James : World Revolution, 1937, p. 257.

9『党史』二七二頁

10同　二七五頁

11同　二八〇頁

12同　二八三頁

13同　二六九頁

14 Hitler : Mein Kampf, S. 418, 423.

15ドイツにおけるファシズムの勝利については Fritz Sternberg : Der Faschismus an der Macht, 1935, Amsterdam 参照。

16『党史』三三六頁

第八章

1「革命後三十年になろうとする今日」というのは、本書が書かれた一九四六年を意味する。

2同右

3「海外電報版」一九四六年八月二十二日。

4第一章の注2を見られたい。

5本書が書かれた一九四六年当時の状況である。今日では、これらの人々のうち、あるものは抹殺され（ヴォズネセンスキー、ベーリヤ）、他のものは追放され（モロトフ、カガノヴィチ、マレンコフ、ブルガーニン）、残りは死ぬか（ジュダノフ）または引退した（ミコヤン）。ソ連政治のきびしさは、スターリンの死後も変わっていない。

6「わずか三十年間」というのは、本書執筆の一九四六年当時を指している。

解説

木村　汎（国際政治学者・北海道大学名誉教授）

本書は、猪木正道氏が終戦の翌年（一九四六年）に執筆した同氏の処女作である。「（米国）放出コンビーフの缶詰と家庭菜園のとうもろこしに依存しながら」、八月に執筆開始、毎日四百字詰原稿用紙二十枚のスピードで書き進み、三週間足らずで完成した。原稿はできあがったものの、当時の状況から容易に出版の引き受け手が見つからなかったために、脱稿から二年後の一九四八年に初めて白日書院から日の目をみた。

本書のメイン・タイトルは『ロシア革命史』であるが、「社会思想史的研究」とのサブ・タイトルが付せられている点が興味深い。つまり、ロシア革命の事実分析というよりも、ロシア革命の思想的研究を目ざしているのである。「旧版はしがき」の中で、著者自身も、「ロシア革命に対する主導権をめぐって相剋する社会思想の本質を批判的に究明すること」が本書の主要な狙いであると、断っている。そして、その著者の意図は、見事に達成されている。とくに第一章～第三章で加えられたナロードニキ、マルクス主義などを土壌としてレーニン主義思想が形成されてゆく過程の犀利《さいり》な分析は、その後半世紀近くを経た今日においてすらも余人の追随を許さない水準を保持している。その後、思想分野における猪木教授の研究は、さらに『新増訂版 共産主義の系譜』(角川文庫)や『独裁の政治思想』(創文社)などとなって、結実している。

猪木氏が本書中でこの分野における主役にすえているのは、改めていうまでもなく、ロシア革命の思想的父であるとともに実践者でもあったレーニンの思想、すなわちボリシェヴィズムあるいはレーニン主義である。氏は、レーニン主義が、ナロードニキ、マルクス主義らの影響を受けつつも、いかにロシアの後進的特殊性にマッチする独自の革命理論へと形成されていったか、そしてそれがメンシェヴィズム、トロツキズム、スターリン主義などとどのような異同点をもつのか、を見事に解明している。レーニン主義とは、氏によれば、「ロシアの現実にぴったり」(六七頁〜六八頁)適合されるべく形成された「マルクス主義のロシア的変態」(六六頁)である。そして、レーニン主義の具体的な特徴を、労農同盟論、少数精鋭党組織論、帝国主義論の三つに求めている。

とはいっても本書中において、猪木氏は、ロシア革命にたいしたんに思想面からのみのアプローチを行なっている訳ではない。革命前の時期から第二次世界大戦までのロシア政治史を、ひとりロシアの国内状況の観点からばかりでなく広く国際情勢の複雑な動きとからませ叙述している。その意味で、本書は、メイン・タイトル通り政治史でもある訳である。しかも、氏は、ロシア革命の歴史を分析するにあたってたんなる事実の叙述には満足せずに、欧米の政治学の研究成果を駆使するとともに、自らも数々の有効な分析の用具《ツール》やパターンの創造を試みている。つまり、革命の力学《ダイナミックス》を説明するコンセプトやシェーマの創造に大胆に挑んでいる。

まず、革命とは、猪木氏の定義によれば、「内部的矛盾の激化によって滅亡に瀕した国民が、自己の責任において断行すべき起死回生の大手術である」（四二頁）。そのような革命を成功させるためには、国際情勢を別にすれば、次の四条件が必要である。①客観的情勢の成熟、②革命を指導すべき中核体すなわち革命政党の形成、③支配階級と革命階級との中間に位置する被支配階級大衆の革命に対する好意的中立、④物理的暴力として軍隊が革命側に与《く》みし、支配者側による革命の弾圧にたいし反抗すること（九二〜九三頁）。一九〇五年革命が失敗したのは、このうち①だけを充足し、残りの三つを欠如していたからだと、猪木氏は説く。逆に一九一七年革命時は、これら全てが備わっていた。右の四条件を革命を引き起こす側に引きつけて換言すると、次の三つとなる。①「革命の緊迫性」、②革命を起こそうとする者の「主体的意志」、③「戦略と戦術」。すなわち、客観的状況、主観的意欲、そしてその二つを結合する技術の三要件である。

なかでも、本書中で氏が力説しているのは、主体的ファクターの重要性である。これは、「マルクス主義を逆立ちにさせた」（リヒアルト・ローヴェンタール、故ベルリン自由大学教授）といわれる、レーニン主義の正鵠を射た理解である。と同時に、マルクス主義がもっぱら経済的下部構造を重視する見解であると、戦後日本の一部学界において解釈されがちだった傾向に対する、氏の意図的な反発であり批判だったのかも知れない。それはともかく、最近における欧米の研究者たちは、ますますそのようなロシア革命における主体的要素の存在を重視する猪木式解釈に賛意を表するようになってきている。たとえば、リチャード・パイプス教授（ハーバード大学）は、一九九三年刊の大著の中で記している。「革命はつねに社会的（「階級上の」）不満の結果であるとのマルクス主義的な考え方が、支持されえないことは、明白である。そのような不満は、帝政ロシアにもその他の国々にも存在したからである。体制の崩壊ならびにそれに続く騒乱を可能にした決定的かつ直接的なファクターは、圧倒的に政治的要素だった。……ロシア革命において、社会的、経済的ファクターは、相対的にいってマイナーな役割しか果さなかった。……レーニンのイノベーションは、政治を軍事化し、戦争状態を政治化する点に存在し、このことによって彼は権力を手中にしたのである。」（Richard Pipes, *Russia Under the Bolshevik Regime*, New York, Alfred A. Knopf, 1993, pp. 491, 497, 499）

評者は寡聞にして、古くはクレイン・ブリントンの『革命の解剖』を除き、欧米においても革命過程を理論的に分析した研究書を余り知らない。猪木教授は、この革命のダイナミックス（力学）のパターン化に成功した、世界において数少ない学者の一人である。たとえば、氏が『政治変動論』(世界思想社)の中で展開された革命を破壊と創造の両過程に分類しその二つの流れの綜合として説明しようとされる理論は、一見簡単なように見えて、「コロンブスの卵」の譬えが該当する大発見である。私自身も、ゴルバチョフ、エリツィンによるペレストロイカや改革を広義における革命の一種と見て、この猪木理論を活用させていただいている。

このような思想、歴史、政治の三つが渾然一体となっているというだけでは、まだ猪木氏の多角的、複合的、包括的アプローチを評するに十分でなかろう。氏は、この三側面以外の諸分野、すなわち経済、パーソナリティー、心理、国際、文化等々実に多面的な側面への目配りも怠っていない。私なりに要約すると、氏は、本書において、次のように超人的な業ともいえる多角的なアプローチを用いてロシア革命史の全体像に迫ろうと試みているのである。すなわち、本書は、マルクス主義「思想」が、宗教改革やルネッサンスらの「歴史」を欠き、資本主義「経済」したがってプロレタリアートが未発達なロシアに入り、レーニンら一部ボリシェヴィキの「主体」的な意志と精神によって変形され、前衛党組織の指導下にロシア革命を成功させ、一党独裁「政治」を定着させはしたものの、「国際」的な普遍性をもたないのみならず、「文化」的にはきわめて不毛なソ連型社会主義を造りだしていった過程のダイナミックな分析と叙述なのである。

本書は、英語の succinct という表現がぴったりする文体で書かれている。嫋々《じょうじょう》としたまわりくどさがなく、メリハリが利いた男性的な文章である。簡潔直截で独特のリズムをもっているために、硬いテーマを内容としているにもかかわらず、読者は思わず一気に読まされてしまう。日本語以外の言語に翻訳されるときも、おそらく誤解されることがひじょうに少ないと想像される明晰さである。

猪木氏のオリジナリティーに溢れるコンセプトや造語が随所に出てくる点も、本書の特徴に数えてよかろう。これは、氏の発想や発見が独創性に富むことを示している。私個人がユニークと思った例を、一、二、三あげてみよう。たとえば、ローザ・ルクセンブルクの「西欧共産主義」vsレーニンの「東欧共産主義」（五八、六二、二四六頁）の対比。因みに、後の著書において、氏は、スターリンが政敵たちを利用することを考えずに物理的に粛清したやり方を西洋将棋にたとえ、毛沢東が洗脳や人間改造を加えて彼らを自己の持駒として利用する東洋将棋の手法を用いたことと対比している（『独裁者』筑摩書房）。これらは、猪木氏が早くから共産主義の民族的特質や多様性に気づいていたことを示す。また、一九一七年二月革命から十月革命の間を「三重権力」がせめぎ合った時期とみなす。この時期は、ふつう「二重権力」すなわち（臨時）政府と（労兵）ソヴィエトの二つの権力が存在し拮抗した時期と捉えられて、通説となっている。ところが猪木氏は、この二つの権力の他に、革命運動指導勢力の存在を強調し、「三重権力」が存在した時期だったと説く（一六〇、一七五頁）。また、氏は、ロシア革命直後ボリシェヴィキ政権が直面せねばならなかった内乱と干渉戦を「第一回祖国戦争」と名づけ、したがって通常「大祖国戦争」と呼ばれている独ソ戦ないし第二次世界大戦を「第二の祖国戦争」と名づけている（二〇九、二六三頁）。

また、猪木氏は、「（ヒトラー）ファシズムは、世界革命の鬼子である」と喝破する（二五四、二六三、二六七頁）。ボリシェヴィズムは、既述のように、後進国ロシアに適用されるべく変形を加えられたマルクス主義だった。したがって、それは、元来他国に「強制輸出」されるべき思想ではなかった筈だった。にもかかわらず、革命成功後のレーニンは、冷静な判断を曇らせ、第三インターナショナルをつくり、ボリシェヴィズムをドイツやフランスらの先進諸国に強制輸出しようと試みた。案の定、「ロシア革命は成功したが、世界革命は失敗した」（一九頁）というパラドックスが発生した。それればかりではない。この強制輸出を恐れる人々の心理とムードを巧みに利用して、ファシズムをして自己の勢力を拡大させるという逆効果さえ伴ったのである。猪木氏は、大胆な仮説さえ提出する。もしレーニンがコミンテルンを通じてロシア型共産主義を世界に伝播するメシア主義的使命感を払拭し切っていたならば、あるいはファシズムの跋扈《ばっこ》を防止しえていたかもしれない、と。ハンナ・アレント女史らの研究を紐とくまでもなく、ボリシェヴィズムとファシズムとは共に全体主義として共通項にくくられることも多いが、この二つは、ふつうは左右に袂を分かつ思想であり運動であるとみなされている。ましてや、猪木氏のように、両者間に右のような因果関係を見出そうとする者は少ない。氏の卓越したオリジナリティーと称してよかろう。

猪木氏は、「ソヴィエト連邦が文化的にも先進国に追いつき、追いこす日は遠いといわねばならない」(二二三頁)と、予言した。ロシア文化が絢爛豪華に花咲いた一九世紀ロシアと比べ、革命後のソヴィエト時代の文化のきわだった停滞、衰退ぶりは、今日では万人の常識となっている。しかし、第二次世界大戦終結直後の日本人が外来文化一般に憧れ、またその後歌声運動やソヴィエト映画を唯それが社会主義革命の先進国ソ連の文化であるという理由だけで歓迎・礼賛しがちだった時代に、このようなソヴィエト文化の浅薄性を喝破し活字にした氏の洞察力と勇気は端倪《たんげい》すべからざるものだったと評しえよう。

結論としていえるのは、本書の時代を超えた普遍性である。たしかに、その後半世紀の間に、わが国の邦語文献の中にも、細分化されたテーマにかんする専門的な業績が個別的には刊行されたかも知れない。しかし、総合的なアプローチ、卓抜のバランス感覚、思索の深さ、精密な分析、時として大胆な仮説——これらのコンビネーションをもって真正面から共産主義へたち向かった概説書として、本書の右に出るものはない。また、今後、少なくとも邦語においては出ることはないだろう。その意味において、このたび文庫版として復刊されたことの意義はきわめて大きい。

本書は一九九四年に中公文庫から刊行されたものを二次文庫化したものです。故木村汎氏（一九三六〜二〇一九）の解説も再掲しました。

底本には初版第一刷を使用しました。

二次文庫化にあたり、著作権継承者のご了解を得て、原本の誤字誤植を正しました。

本文中には、「盲目的」「文盲」など、今日の人権擁護の見地に照らして、不適切と思われる語句や表現がありますが、作品の時代背景および作者が故人であることを鑑み、底本のママとしました。

ロシア革命史《かくめいし》
社会思想史的研究《しゃかいしそうしてきけんきゅう》
猪木正道《いのきまさみち》

令和2年 9月25日 初版発行
令和6年 10月25日 7版発行

発行者●山下直久

発行●株式会社KADOKAWA
〒102-8177 東京都千代田区富士見2-13-3
電話 0570-002-301(ナビダイヤル)

角川文庫 22352

印刷所●株式会社KADOKAWA
製本所●株式会社KADOKAWA

表紙画●和田三造

ISBN 978-4-04-400615-0 C0122

角川文庫発刊に際して

角 川 源 義

第二次世界大戦の敗北は、軍事力の敗北であった以上に、私たちの若い文化力の敗退であった。私たちの文化が戦争に対して如何に無力であり、単なるあだ花に過ぎなかったかを、私たちは身を以て体験し痛感した。西洋近代文化の摂取にとって、明治以後八十年の歳月は決して短かすぎたとは言えない。にもかかわらず、近代文化の伝統を確立し、自由な批判と柔軟な良識に富む文化層として自らを形成することに私たちは失敗して来た。そしてこれは、各層への文化の普及滲透を任務とする出版人の責任でもあった。

一九四五年以来、私たちは再び振出しに戻り、第一歩から踏み出すことを余儀なくされた。これは大きな不幸ではあるが、反面、これまでの混沌・未熟・歪曲の中にあった我が国の文化に秩序と確たる基礎を齎らすためには絶好の機会でもある。角川書店は、このような祖国の文化的危機にあたり、微力をも顧みず再建の礎石たるべき抱負と決意とをもって出発したが、ここに創立以来の念願を果すべく角川文庫を発刊する。これまで刊行されたあらゆる全集叢書文庫類の長所と短所とを検討し、古今東西の不朽の典籍を、良心的編集のもとに、廉価に、そして書架にふさわしい美本として、多くのひとびとに提供しようとする。しかし私たちは徒らに百科全書的な知識のジレッタントを作ることを目的とせず、あくまで祖国の文化に秩序と再建への道を示し、この文庫を角川書店の栄ある事業として、今後永久に継続発展せしめ、学芸と教養との殿堂として大成せんことを期したい。多くの読書子の愛情ある忠言と支持とによって、この希望と抱負とを完遂せしめられんことを願う。

一九四九年五月三日

角川ソフィア文庫ベストセラー

角川ソフィア文庫ベストセラー

古代ローマの生活　樋脇博敏

現代人にも身近な二八のテーマで、当時の社会と日常生活を紹介。衣食住、娯楽や医療や老後、冠婚葬祭、性愛事情まで。一読すれば二〇〇〇年前にタイムスリップ！　知的興味をかきたてる、極上の歴史案内。

孔子　加地伸行

中国哲学史の泰斗が、孔子が悩み、考え、たどり着いた思想を、現代社会にも普遍的な問題としてとらえなおす。聖人君主としてだけではなく、徹底したリアリズムで、等身大の孔子像を描き出す待望の新版！

聖書物語　木崎さと子

キリスト教の正典「聖書」は、宗教書であり、良質の文学でもある。そのすべてを芥川賞作家が物語として再構成。天地創造、バベルの塔からイエスの生涯、そして黙示録まで、豊富な図版とともに読める一冊。

イスラーム世界史　後藤　明

肥沃な三日月地帯に産声をあげる前史から、宗教としての成立、民衆への浸透、多様化と拡大、近代化、そして民族と国家の20世紀へ――。イスラーム史の第一人者が日本人に語りかける、100の世界史物語。

感染症の世界史　石　弘之

コレラ、エボラ出血熱、インフルエンザ……征服しては新たな姿となって生まれ変わる微生物と、人類は長い「軍拡競争」の歴史を繰り返してきた。40億年の地球環境史の視点から、感染症の正体にせまる。